Plan d'action de A à X, résolution de crise nationale

Documentation de l'association PDH France
pour la résolution de la crise haïtienne

Documentation haïtienne

Collection dirigée par le professeur Obrillant Damus

Cette collection a été créée en 2014 dans la perspective de contribuer à la déterritorialisation et à la valorisation des travaux scientifiques produits par des Haïtiens ou par des étrangers. Comme le suggère son nom, les livres sélectionnés doivent être issus de recherches effectuées en Haïti. Il s'agit d'offrir des livres de référence sur la réalité haïtienne contemporaine.

Déjà parus

Roudy Stanley PENN, *Dissolution du Parlement. Etude sur la fragilité de l'Etat en Haïti (1843-2016)*, 2023.
Jean-Baptiste ESAU, *Plaidoyer pour l'intégration de la diaspora haïtienne dans la vie politique en Haïti. Ecrire pour ne pas oublier*, 2023.
Hervé BOURSIQUOT, *Diplômes, compétences et validation des acquis de l'expérience*, 2023.
Loudmie GUE, *Quelques réflexions sur la littérature haïtienne contemporaine. Aux champs critiques*, 2022.
Lafontaine ORVILD, *Panser la presse haïtienne. Perspectives herméneutiques à une autorégulation pragmatique*, 2022.
Lochard NOËL, *Du loup-garou français au zombi haïtien*, 2021.
Maurice JACQUES, *Le bâton dans l'éducation. Misère des châtiments corporels d'Haïti au Canada*, 2021.
Pascal LAFONT, Marcel PARIAT, Pierre Eddy CEZAR, *Professionnalisation, innovation et apprentissage, Leviers de développement ?* 2019
Obrillant DAMUS, *Les viols en Haïti. Approche psychologique et sociologique des crimes sexuels*, 2018.
Georges Eddy LUCIEN, *Le Nord-Est d'Haïti. La perle d'un monde fini : entre illusions et réalités (Open for Business)*, 2018.
Obrillant DAMUS, Christoph WULF, Joseph P. SAINT-FLEUR, Denis JEFFREY (dir.), *Pour une éducation à la paix dans un monde violent*, 2017.

Patrick Pierre-Louis

Plan d'action de A à X, résolution de crise nationale

Documentation de l'association PDH France pour la résolution de la crise haïtienne

Préface de Gaston Mahoungou

L'Harmattan

Du même auteur :

En Route Vers La Conférence Nationale Souveraine en Haïti, aux édition Le Rétablissement

5-7, rue de l'École-Polytechnique, 75005 Paris

http://www.editions-harmattan.fr

ISBN : 978-2-336-44079-8
EAN : 9782336440798

DÉDICACES

À Monsieur Laurent JEANNE, maire actuel de la ville de Champigny-Sur-Marne, où je réside actuellement,
Je dédie ce livre intitulé "Plan d'action de A à X, Résolution de Crise Nationale" pour exprimer ma profonde gratitude envers votre engagement envers notre communauté. Votre dévouement à la gestion de notre ville et à ses habitants est une source d'inspiration pour moi. J'espère que les idées et les solutions présentées dans ce livre contribueront à renforcer notre compréhension des enjeux de la crise haïtienne et à promouvoir la démocratie participative en tant que moyen de résolution.

À Monsieur Olivier Capitanio, président du conseil départemental du Val-de-Marne, où je réside en ce temps précis,
Je vous dédie ce livre avec une profonde reconnaissance pour votre service dévoué envers notre département. Votre leadership et votre engagement envers le bien-être de nos concitoyens sont exemplaires. En partageant ce plan d'action, j'espère susciter une réflexion approfondie sur la crise haïtienne et encourager une action collective pour soutenir la démocratie et la souveraineté nationale.

À Madame Valérie PÉCRESSE, Présidente actuelle du Conseil Régional de la région Île-de-France où j'habite en ce moment,
Cette dédicace vous est destinée pour témoigner de mon admiration pour votre leadership et votre engagement

envers notre région. Votre soutien en faveur de l'épanouissement de nos communautés est inestimable. En partageant ce livre avec vous, j'espère encourager une prise de conscience et une mobilisation en faveur de la résolution de la crise haïtienne basée sur les principes de la démocratie participative.

À Madame Catherine Colonna, ministre actuelle du Ministère de l'Europe et des Affaires étrangères,
Je souhaite vous dédier ce livre en reconnaissance de votre rôle crucial dans les affaires étrangères de notre pays. Votre engagement en faveur de la diplomatie et de la promotion des droits de l'homme est exemplaire. J'espère que ce livre contribuera à stimuler une réflexion approfondie sur la crise haïtienne et à promouvoir des actions constructives pour soutenir le processus de résolution.

À Monsieur Emmanuel Macron, Président actuel de la République française où je réside,
Je suis honoré de dédier ce livre à votre personne en tant que chef de notre nation. Votre leadership et votre vision pour un avenir meilleur sont une source d'inspiration. En partageant ce plan d'action avec vous, j'exprime mon espoir que nous pourrons travailler ensemble pour soutenir les efforts visant à résoudre la crise haïtienne et à promouvoir la démocratie et la souveraineté nationale.

À Monsieur Jean Josué Pierre DAHOMEY, ambassadeur actuel de la République d'Haïti en France,
Je dédie ce livre à vous pour rendre hommage à votre rôle crucial en tant qu'ambassadeur de la République d'Haïti en

France. Votre engagement en faveur de la promotion des intérêts haïtiens et de la coopération internationale est inestimable. J'espère que les idées et les solutions présentées dans ce livre alimenteront les discussions et les actions pour soutenir votre pays dans sa quête de résolution de la crise.

À Monsieur James Samuel R. Jules, consul actuel du Consulat général d'Haïti en France,
Cette dédicace vous est destinée pour exprimer ma reconnaissance envers votre rôle en tant que consul du Consulat général d'Haïti en France. Votre dévouement à la protection des intérêts haïtiens et à l'assistance aux citoyens haïtiens en France est louable. En partageant ce livre avec vous, j'espère promouvoir une meilleure compréhension de la crise haïtienne et encourager des actions concertées pour soutenir votre pays.

À Mme María Isabel Salvador, Chef du Bureau intégré des Nations Unies en Haïti (BINUH),
Je dédie ce livre à vous, en reconnaissance de votre rôle clé en tant que Chef du Bureau intégré des Nations Unies en Haïti. Votre engagement en faveur de la stabilité, du développement et de la démocratie en Haïti est d'une importance capitale. J'espère que les idées et les propositions présentées dans ce livre contribueront à renforcer les efforts de la BINUH et à promouvoir des solutions durables pour résoudre la crise haïtienne.

À Monsieur António Guterres, Secrétaire général des Nations Unies,

Je dédie ce livre à vous, en témoignage de mon admiration pour votre leadership mondial. Votre engagement en faveur de la paix, de la justice et du développement est une source d'inspiration pour nous tous. En partageant ce plan d'action avec vous, j'espère encourager une action concertée de la communauté internationale pour soutenir la résolution de la crise haïtienne et promouvoir les principes de démocratie et de souveraineté nationale.

Que cette dédicace témoigne de ma gratitude envers chacun d'entre vous qui, par votre rôle et votre influence, pouvez contribuer à faire avancer la cause de la résolution de la crise haïtienne. Ensemble, nous pouvons œuvrer pour un avenir meilleur pour Haïti, fondé sur la démocratie, la participation citoyenne et la souveraineté nationale.

Avec mes sincères remerciements.

Sans oublier, le Premier ministre de la République d'Haïti, **le docteur Ariel Henry,**

Je dédie ce livre intitulé "Plan d'action de A à X, Résolution de Crise Nationale" pour exprimer ma profonde reconnaissance envers votre leadership et votre engagement envers le peuple haïtien dans ces moments critiques. Votre rôle en tant que Premier ministre est crucial pour guider le pays vers la résolution de la crise et la construction d'un avenir meilleur.

En partageant ce plan d'action avec vous, j'espère contribuer aux efforts de votre gouvernement en proposant des solutions concrètes et une approche basée sur la démocratie participative et la souveraineté nationale. Je suis convaincu que la tenue d'une Conférence Nationale Souveraine peut offrir un espace de dialogue inclusif et permettre à tous les Haïtiens de participer à la recherche de solutions durables. J'espère que les idées et les recommandations présentées dans ce livre pourront nourrir les délibérations et les décisions prises par votre gouvernement. Je suis convaincu que, ensemble, nous pouvons travailler à la construction d'un Haïti plus fort, plus démocratique et plus prospère.

Avec mes sincères remerciements.

REMERCIEMENTS

Je tiens à exprimer ma profonde gratitude et mes remerciements à toutes les personnes qui ont joué un rôle essentiel dans ma vie et dans la réalisation de ce projet de rédaction de mon deuxième ouvrage intitulé Plan d'action de A à X, Résolution de Crise Nationale. Leur soutien, leur amour et leur engagement ont été inestimables, et je souhaite les honorer à travers cette dédicace.

Tout d'abord, je rends hommage à l'**Esprit de Prophétie** qui est le Témoignage de Jésus, qui guide mes pas et m'inspire dans ma quête de vérité et de justice.

Je suis reconnaissant envers l'homme de Dieu, **Arc-Amon (né Gaston Mahoungou)**, qui apporte la Parole de Dieu en cette période historique, nourrissant ainsi notre préparation pour le Royaume du peuple des saints du Très Haut. Son enseignement et sa vision du combat contre les ennemis de la Parole de Dieu sont d'une grande inspiration.

J'adresse mes remerciements les plus chaleureux aux femmes les plus importantes de ma vie : **Gina Albert**, la mère de mes trois magnifiques filles Lorenza, Inaya et Malyah, ainsi qu'à **Magdala Égalité**, la mère de mes quatre merveilleux enfants : Bryan, Mya-Bella, Eloya et Kyara. Leur amour, leur soutien et leur présence ont été des piliers essentiels dans ma vie.

Je rends également hommage à la mémoire de feu mon père **Estève Pierre-Louis** et de feue ma mère **Marie Pierre-Louis**, qui veillent sur nous depuis l'au-delà. Je n'oublie pas mes frères et sœurs selon la chair et le sang, **Etzer, Yvana, Louis, Rosita et Frantz Pierre-Louis**, qui ont partagé avec moi les liens familiaux et l'amour fraternel.

Je souhaite exprimer ma reconnaissance aux pasteurs **Gesner Joseph, Philippe, Rousseau Lafleur, Eugène Laguerre, à la Sœur Marise** et aux membres de leurs assemblées, notamment l'église Croisade Évangélique des Pécheurs d'Homme de Cayenne et l'église Armée du Salut de Guyane. Leur soutien spirituel et leurs prières ont été une source de réconfort et de force.

Je salue également les membres de l'église du Rétablissement présents en France, aux États-Unis, au Canada, au Brésil, en Allemagne, en Haïti, au Congo-Brazzaville et partout ailleurs. Leur engagement dans la lecture des ouvrages du Ministère du Rétablissement de Toutes Choses a été une source d'encouragement et de partage dans notre cheminement spirituel.

J'exprime ma gratitude envers les responsables des médias tels que Hlive, Radio Acquinoise, La Radio Vision Mondiale, Radio RSI, Radio RPC, Radio MEEA, Radio Fanfan Musique, Unis-TV News, Ziana TV et les Forums de discussions WhatsApp HsH Vérité, Fédération Grand Boulevard Mondial. Leur accueil et leur ouverture à discuter des thèmes politiques et religieux ont permis de diffuser nos idées et notre vision, conformément à l'enseignement du Seigneur Jésus-Christ.

Enfin, je remercie les responsables des associations haïtiennes de la région Île-de-France, notamment la PAFHA, HAÏEURAS, la Maison d'Haïti, La FEDHE, le CORECOHF, le Collectif Haïti de France, Bamboch Lakay, l'AHPA, la FJVA, l'APDH, et toutes les autres que j'ai eu l'occasion de rencontrer dans le cadre de nos activités associatives. Leur soutien et leur engagement en faveur du projet de Conférence Nationale Souveraine en Haïti ont été d'une valeur inestimable.

À tous ceux qui ont contribué de près ou de loin à ce projet, je vous adresse mes sincères remerciements. Votre soutien et votre collaboration sont essentiels pour bâtir un avenir meilleur pour Haïti. Que Dieu vous bénisse abondamment.

SOURCES DE RÉFÉRENCES

1. LES LIVRES :
- "La Sainte Bible"
- "Jésus-Christ Est Noir" de Gaston Mahoungou aux éditions Mélibée de Toulouse
- "Introduction sur la Judaïcité Africaine" de Gaston Mahoungou aux éditions Mélibée de Toulouse
- "A mon général Untel" de Gaston Mahoungou aux éditions Edilivre
- "Courrier d'un indigent africain aux parlementaires internationaux" de Gaston Mahoungou aux éditions Edilivre
- "Pourquoi l'Africain Croupit-il Misérable sur Ces Richesses ?" de Gaston Mahoungou aux éditions Edilivre
- "Le Conflit de l'Après-Sassou : Projet de Société" de Gaston Mahoungou aux éditions le Rétablissement

2. SOURCES GOUVERNEMENTALES ET INSTITUTIONNELLES :
- Le journal officiel d'Haïti "Le Moniteur"
- La Télévision Nationale d'Haïti (TNH)
- La Radio BBJ internationale

3. MÉDIAS :
- TF1
- BFMTV

4. PUBLICATIONS EN LIGNE :

- Publications Facebook
- Plateformes d'échanges et de partages d'idées en ligne (non spécifiées)

5. CONTRIBUTION DE L'INTELLIGENCE ARTIFICIELLE :

- Analyse et traitement de données en temps réel
- Extraction d'informations pertinentes à partir de sources diverses
- Génération de recommandations basées sur des modèles prédictifs
- Analyse des tendances et des opinions publiques sur les réseaux sociaux

PRÉFACE DE GASTON MAHOUNGOU

Cher lecteur,
Nous sommes ravis de vous présenter cet ouvrage socio-politique puissant, qui exprime un appel vibrant au patriotisme et au sens du devoir envers la nation haïtienne. Dans un contexte où le défaitisme et l'indifférence semblent prévaloir, ce deuxième ouvrage intitulé "Plan d'action de A à X, Résolution de Crise Nationale" est une suite logique du premier intitulé "En Route Vers La Conférence Nationale Souveraine en Haïti" de l'auteur Patrick PIERRE-LOUIS. Plus que jamais celui-ci nous invite à sortir de notre sommeil dogmatique et à agir collectivement plutôt que de nous plaindre isolément, enfermés dans notre égoïsme narcissique.

Il s'agit bien plus qu'un simple projet politique ou un programme national, c'est un cri émanant de la fierté profonde du peuple haïtien, une civilisation qui s'éveille et aspire à jouer un rôle actif dans le concert des nations. Ce deuxième ouvrage appelle à la prise de conscience individuelle et collective des Haïtiens de bonne volonté, désireux d'apporter leur contribution, aussi modeste soit-elle, pour dynamiser la réalité individuelle, communautaire, nationale et ethnique.

Il est crucial de souligner l'importance de l'histoire haïtienne, en tant que première nation noire à s'être libérée de l'esclavage et à avoir conquis son indépendance face à l'Empire français de Bonaparte en 1804. Cette lutte pour l'indépendance a eu un impact considérable sur la conscientisation de la communauté africaine et a ouvert la voie à la décolonisation en Afrique. Cependant, cette indépendance a été acquise au prix du sang des martyrs haïtiens et africains, ainsi que de l'ensemble de la population noire. Malgré cela, la question des compensations liées à l'esclavage, à la traite négrière, au commerce triangulaire et aux conséquences coloniales et néocoloniales reste en suspens.

L'ouvrage met en évidence l'urgence de réveiller notre humanité et notre sens des responsabilités, de valoriser notre dignité et de combattre tout ce qui relègue l'intérêt de notre population à un rang non-prioritaire. Il s'agit d'une trompette pour nous ressaisir, un rappel pressant pour unir nos forces et résoudre la crise multidimensionnelle à laquelle Haïti, ainsi que les nations afro-caribéennes et africaines, sont confrontées.

En outre, l'ouvrage propose l'émergence d'un Mouvement international de la Conférence-Transition, visant à balayer les dictatures qui affligent les nations du peuple noir à travers le monde. Il s'agit de replacer nos espoirs dans la construction d'un monde meilleur en unissant nos forces et en nous engageant dans l'action.

Il est temps de faire comprendre à tous que nous ne pouvons pas attendre qu'un autre Toussaint Louverture, symbole de la Révolution haïtienne, émerge miraculeusement du ciel. Chacun d'entre nous doit devenir un Toussaint Louverture moderne, et cet ouvrage nous encourage à converger nos divergences vers l'intérêt national d'une Haïti renouvelée, rassemblée et établie.

Le plan d'action, tel que décrit dans cet ouvrage, joue un rôle essentiel dans la résolution de la crise en Haïti, rassemblant, unifiant, décidant, organisant et mettant en œuvre les décisions prises collectivement pour revitaliser Haïti.

Nous espérons que ce deuxième ouvrage inspirant suscitera en vous un profond sentiment d'engagement envers votre nation et donnera naissance à un véritable renouveau haïtien.

Gaston Mahoungou
Président Association Le Rétablissement

SUR L'AUTEUR

Patrick PIERRE-LOUIS est un éminent penseur et décideur haïtien engagé dans la résolution de la crise nationale. "Plan d'action de A à X, résolution de Crise Nationale" est son deuxième ouvrage, faisant suite à son premier livre à succès, "En Route vers la Conférence Nationale Souveraine en Haïti", publié aux éditions Le Rétablissement.

Dans son premier ouvrage, Patrick PIERRE-LOUIS a présenté une proposition novatrice concernant les 24 activités politiques à entreprendre par une assemblée de conférenciers lors d'une Conférence Nationale Souveraine en Haïti, dans le but de résoudre la crise dans le pays. Cette proposition reflète sa profonde compréhension des enjeux politiques et sociaux auxquels fait face Haïti.

L'auteur tire également son inspiration des travaux de l'homme de Dieu Arcamon (né Gaston Mahoungou) qui, ici en France, publie des ouvrages à caractère politique, religieux et social. Parmi ses publications, on retrouve le livre intitulé "Le conflit de l'après Sassou, Projet de Société" aux éditions Le Rétablissement. Dans cet ouvrage, Arcamon présente les 24 activités politiques comme une formule pour résoudre les crises dans les nations africaines.

Grâce à son expertise et à sa vision audacieuse, Patrick PIERRE-LOUIS offre une contribution essentielle à la résolution de la crise en Haïti. Son engagement indéfectible envers son pays et sa volonté de promouvoir des solutions durables font de lui une voix inspirante et un acteur clé dans la quête d'un avenir meilleur pour Haïti.

CHAPITRE I - INTRODUCTION

1. CONTEXTE DE LA CRISE MULTIDIMENSIONNELLE EN HAÏTI

La crise multidimensionnelle en Haïti est le résultat de plusieurs facteurs interconnectés qui ont un impact significatif sur la stabilité politique, l'économie, les conditions de vie et le bien-être du peuple haïtien. Voici certains des principaux éléments du contexte de la crise :

1.1 Instabilité politique :

Haïti a connu une instabilité politique persistante, caractérisée par des transitions fréquentes du pouvoir, des tensions politiques, des manifestations et des conflits. Les gouvernements successifs ont été confrontés à des défis de gouvernance, de corruption, d'inefficacité administrative et de manque de confiance de la population.

1.2 Pauvreté et inégalités :

Haïti est l'un des pays les plus pauvres de l'hémisphère occidental, avec une grande partie de sa population vivant dans la pauvreté. Les inégalités économiques et sociales sont profondes, avec un accès limité aux services de base tels que l'éducation, les soins de santé, l'eau potable et l'assainissement.

1.3 Catastrophes naturelles :
Haïti est vulnérable aux catastrophes naturelles, notamment les ouragans, les séismes et les inondations. Le pays a été frappé par des événements dévastateurs, tels que le séisme de 2010 qui a causé d'énormes pertes en vies humaines et des destructions massives des infrastructures.

1.4 Insécurité :
L'insécurité est un problème majeur en Haïti, marqué par une augmentation de la violence, des gangs armés et des activités criminelles. Cela crée un climat d'insécurité généralisé, entravant le fonctionnement des institutions, le développement économique et la vie quotidienne des citoyens.

1.5 Fragilité des institutions :
Les institutions haïtiennes sont confrontées à des défis majeurs en termes de capacité, de transparence et d'efficacité. Le système judiciaire est souvent critiqué pour son manque d'indépendance et de ressources, ce qui entrave la lutte contre l'impunité et la garantie de l'état de droit.

1.6 Migration :
La crise a également conduit à une augmentation de la migration haïtienne, avec de nombreux Haïtiens cherchant des opportunités économiques et une meilleure qualité de vie à l'étranger. Les flux migratoires ont des répercussions sur le pays d'origine, tant en termes de perte de main-d'œuvre qualifiée que de dépendance accrue vis-à-vis des envois de fonds.

L'ensemble de ces facteurs contribue à une crise multidimensionnelle en Haïti, qui affecte profondément la société haïtienne dans son ensemble. La résolution de cette crise nécessite une approche globale et coordonnée, avec la participation de tous les acteurs nationaux et internationaux concernés, afin de créer les conditions propices à la stabilité, au développement durable et à l'amélioration des conditions de vie pour le peuple haïtien.

2 – RÔLE DE LA DIASPORA HAÏTIENNE DE FRANCE ET DES AUTRE DIASPORA HAÏTIENNES

La diaspora haïtienne, notamment celle de France et d'autres pays, joue un rôle crucial dans le développement économique, social et culturel d'Haïti. En tant que communauté vivant à l'étranger, la diaspora haïtienne maintient des liens forts avec leur pays d'origine et contribue de diverses manières à son progrès.

2.1 Envoi de fonds :

La diaspora haïtienne en France et ailleurs envoie régulièrement des remises financières à leurs familles et communautés en Haïti. Ces envois d'argent, connus sous le nom de "remittances", constituent une source importante de revenus pour de nombreux ménages haïtiens et contribuent à réduire la pauvreté et stimuler l'économie locale.

2.2 Investissements :

Les membres de la diaspora haïtienne investissent également dans des projets commerciaux, des start-ups, des infrastructures et des initiatives entrepreneuriales en Haïti. Ces investissements contribuent à la création d'emplois, au développement économique et à la diversification des secteurs d'activité.

2.3 Transfert de connaissances et de compétences :

La diaspora haïtienne apporte également son savoir-faire, ses compétences professionnelles et ses connaissances techniques à Haïti. Que ce soit dans les domaines de la médecine, de l'éducation, de l'ingénierie, des technologies de l'information ou d'autres secteurs, les membres de la diaspora peuvent jouer un rôle clé dans le renforcement des capacités locales et le développement des ressources humaines.

2.4 Engagement politique et social :

Les membres de la diaspora haïtienne s'engagent souvent activement dans des causes politiques et sociales liées à Haïti, que ce soit en faisant pression pour des réformes, en plaidant pour les droits de l'homme, en soutenant des initiatives de développement durable ou en participant à des organisations et des réseaux de la société civile.

2.5 Promotion de la culture haïtienne :

La diaspora haïtienne en France et ailleurs joue un rôle essentiel dans la préservation et la promotion de la culture haïtienne à l'étranger. Ils organisent des événements culturels, des festivals, des expositions artistiques, des concerts et des conférences pour faire connaître la richesse de la culture haïtienne dans leurs pays d'accueil.

Il est important de reconnaître et de valoriser la contribution de la diaspora haïtienne, y compris celle de France et des autres pays, à Haïti. Leur engagement et leur soutien sont essentiels pour renforcer les liens entre les communautés haïtiennes à travers le monde et pour favoriser le développement durable et inclusif du pays.

CHAPITRE II - OBJECTIF DU PLAN D'ACTION

1 - GÉNÉRALITÉ

Notre plan d'action a pour objectif principal de contribuer à la résolution de la crise multidimensionnelle en Haïti en travaillant sur des domaines clés tels que la souveraineté nationale, la réforme constitutionnelle, la lutte contre la corruption, la participation citoyenne, le développement économique, la justice sociale et bien d'autres. Nous visons à promouvoir un dialogue inclusif et constructif, à mobiliser les ressources nécessaires et à encourager la coopération entre la Diaspora Haïtienne de France et les autres diasporas haïtiennes afin de réussir dans cette mission que nous nous sommes attribuée. Les objectifs d'un plan d'action dépendent du contexte spécifique et des problèmes à résoudre. Or, en Haïti, il y a des problèmes à tous les niveaux. Du coup, il faudra à la fois :

1.1 Résoudre les problèmes immédiats :

Le plan d'action peut viser à résoudre les problèmes urgents et immédiats qui contribuent à la crise en cours. Cela peut inclure la restauration de la sécurité, la stabilisation politique, la fourniture d'aide humanitaire d'urgence, la reconstruction des infrastructures endommagées ou la réponse aux besoins de base tels que l'accès à l'eau potable, à la nourriture et aux soins de santé. Tout est urgent en Haïti, d'où il faut un plan pour avoir une vue d'ensemble sur la finalité des actions et stratégies à poser.

1.2 Renforcer les institutions et la gouvernance :
Le plan d'action peut se concentrer sur le renforcement des institutions publiques, en améliorant leur capacité à fournir des services essentiels, à promouvoir la transparence, à lutter contre la corruption et à garantir l'état de droit. Cela pourrait impliquer des réformes institutionnelles, des programmes de renforcement des capacités et des mesures visant à promouvoir la responsabilisation et la participation citoyenne.

1.3 Promouvoir le développement économique et la création d'emplois :
Le plan d'action peut chercher à stimuler la croissance économique et à créer des opportunités d'emploi. Cela pourrait inclure des mesures visant à attirer les investissements, à soutenir les petites et moyennes entreprises, à développer les secteurs clés de l'économie, à promouvoir l'entrepreneuriat et à renforcer les compétences professionnelles de la population.

1.4 Réduire la pauvreté et les inégalités :
Le plan d'action peut avoir pour objectif de réduire la pauvreté et les inégalités sociales en mettant en place des politiques et des programmes de protection sociale, d'éducation, de santé et d'accès aux services de base. Il peut également chercher à promouvoir l'égalité des genres, à lutter contre la discrimination et à garantir l'inclusion sociale des groupes marginalisés.

1.5 Renforcer la résilience face aux catastrophes naturelles :
Étant donné la vulnérabilité d'Haïti aux catastrophes naturelles, le plan d'action peut intégrer des mesures de prévention, de préparation et de réponse aux catastrophes. Cela pourrait inclure le renforcement des infrastructures résilientes, la formation des communautés à la gestion des risques, l'amélioration des systèmes d'alerte précoce et la mise en place de mécanismes de réduction des risques.

1.6 Favoriser la participation et l'autonomisation :
Le plan d'action peut promouvoir la participation citoyenne, la consultation des parties prenantes et l'autonomisation des communautés locales. Cela peut se faire en encourageant la participation active des citoyens à la prise de décision, en renforçant les organisations de la société civile, en promouvant l'accès à l'information et en facilitant la participation démocratique.

Ces objectifs sont indicatifs et peuvent être adaptés en fonction des besoins spécifiques d'Haïti et des priorités identifiées par les acteurs concernés. Un plan d'action efficace doit être réaliste, mesurable et basé sur une analyse approfondie de la situation et des défis auxquels le pays est confronté.

2- LES PRÉREQUIS NÉCESSAIRES DU PLAN D'ACTION POUR RÉSOUDRE LA CRISE HAÏTIENNE

2.1 Point A :

Les stratégies exposées au point A de ce plan nécessitent une approche multidimensionnelle, combinant à la fois des efforts diplomatiques, juridiques et de mobilisation sociale. Il est important de souligner que la résiliation des contrats signés sous contrainte peut être un processus complexe et nécessite une analyse minutieuse des implications juridiques, politiques et économiques.

2.2 Point B :

Les stratégies exposées au niveau du point B de ce plan nécessitent une vision à long terme, une volonté politique forte et une coordination efficace entre les acteurs nationaux et internationaux. La redéfinition de la relation économique d'Haïti avec les pays dominants et les institutions internationales devrait viser à créer un environnement propice aux investissements, à la croissance économique durable et à la réduction des inégalités, tout en préservant les intérêts et la souveraineté nationale d'Haïti.

2.3 Point C :

Les stratégies exposées au niveau du point C de ce plan visent à promouvoir une prise de conscience politique, à renforcer les connaissances et les compétences citoyennes, à favoriser la participation active et responsable des Haïtiens dans les affaires publiques, et à renforcer les institutions démocratiques pour une gouvernance plus inclusive et transparente. Il est important de souligner que ces actions nécessitent une approche à long terme et un engagement continu de la part des autorités gouvernementales, de la société civile et des partenaires internationaux pour réaliser des progrès significatifs dans l'augmentation de la maturité politique du peuple haïtien.

2.4 Point D :

En mettant en œuvre les stratégies et actions exposées au point D de ce plan, nous serons en mesure d'élaborer une constitution centenaire solide, démocratique et représentative qui reflète les valeurs et les aspirations du peuple, tout en garantissant la stabilité, les droits fondamentaux et le développement durable de notre pays.

2.5 Point E :

En mettant en œuvre les stratégies et actions exposées au point E de ce plan, nous serons en mesure de construire un projet de société haïtien solide, inclusif et durable qui répond aux aspirations du peuple haïtien, favorise le développement socio-économique et renforce la position d'Haïti sur la scène internationale.

2.6 Point F :

En mettant en œuvre les stratégies et actions exposées au point F, nous serons en mesure de réaliser des états généraux productifs, inclusifs et participatifs, qui permettront de générer des recommandations concrètes et de mobiliser l'ensemble de la société autour de la résolution des défis majeurs auxquels le pays est confronté.

2.7 Point G :

En mettant en œuvre les stratégies et actions exposées au point G de ce plan d'action, nous serons en mesure d'établir un système d'audits solide et transparent pour toutes les entreprises haïtiennes, ce qui favorisera la bonne gouvernance, la confiance des investisseurs et la croissance économique durable du pays.

2.8 Point H :

En mettant en œuvre les stratégies et actions exposées au point H de ce plan d'action, nous pourrons contribuer à la vérité, à la justice, à la réconciliation et à la prévention des violations des droits de l'homme, en favorisant la construction d'une société haïtienne plus juste, pacifique et résiliente.

2.9 Point I :

En mettant en œuvre les stratégies et actions exposées au point I de ce plan, nous pourrons contribuer à établir la vérité, à poursuivre les responsables des violations des droits de l'homme, à réparer les préjudices subis par les victimes et à prévenir de nouvelles violations, dans le but de favoriser la justice, la réconciliation et la construction d'une société plus respectueuse des droits fondamentaux.

2.10 Point J :

En mettant en œuvre les stratégies et actions exposées au point J de ce plan d'action, nous pourrons contribuer à la dépolitisation des forces de police, favorisant ainsi une police professionnelle, impartiale et responsable, qui protège les droits fondamentaux, maintient la sécurité publique et renforce la confiance entre la police et la communauté.

2.11 Point K :

En mettant en œuvre les stratégies et actions exposées au point K de ce plan d'action, nous pourrons contribuer à la réforme agraire et à la redistribution des terres, en visant à réduire les inégalités foncières, à promouvoir une agriculture durable et inclusive, à renforcer les droits fonciers des communautés et à améliorer les conditions de vie des agriculteurs.

2.12 Point L :

Il est important de noter que la réalisation d'un nouveau modèle de parti politique et la fin des partis politiques existants peuvent nécessiter des efforts soutenus et un engagement à long terme. La mise en œuvre des stratégies exposées au point L de ce plan doit être adaptée aux réalités et aux défis spécifiques de Haïti, en tenant compte de la culture politique locale et des aspirations de la population haïtienne.

2.13 Point M :

Au point M de ce plan, il est important de veiller à ce que la campagne d'éducation juridique citoyenne soit adaptée aux besoins et aux réalités spécifiques de la population haïtienne. En impliquant activement les communautés et en favorisant la participation citoyenne, nous pourrons contribuer à renforcer la compréhension des droits et des responsabilités juridiques en Haïti.

2.14 Point N :

Au point N de ce plan, il est essentiel de prendre en compte les ressources financières, logistiques et humaines nécessaires pour mettre en œuvre le service militaire obligatoire. De plus, il convient de garantir que les droits des conscrits sont respectés et que des mécanismes de supervision appropriés sont mis en place pour éviter les abus.

2.15 Point O :

Au point O de ce plan, il est essentiel d'assurer la participation continue des citoyens, la transparence et la responsabilité dans la mise en œuvre du pacte social. Des mécanismes de suivi et de reddition de comptes doivent être mis en place pour garantir que les engagements pris soient effectivement respectés et que les résultats escomptés soient atteints.

2.16 Point P :

Au point P de ce plan vous comprendrez qu'il est important de créer un écosystème favorable à l'entrepreneuriat en Haïti, en collaborant avec les acteurs gouvernementaux, les organisations de la société civile, les universités, les entreprises et les investisseurs. La pérennité des programmes et des initiatives d'éducation entrepreneuriale nécessite un engagement à long terme et une coordination efficace entre les différentes parties prenantes.

2.17 Point Q :

Il est important de souligner que ces stratégies et actions exposées au point Q de ce plan, doivent être adaptées au contexte spécifique du pays, en l'occurrence Haïti, et nécessitent une coordination étroite entre les autorités gouvernementales, les notaires, les professionnels du droit, les organisations de la société civile et les citoyens.

2.18 Point R :

Les stratégies et actions exposées au point R de ce plan nécessitent une coordination étroite entre les autorités gouvernementales, les créateurs, les associations professionnelles, les organisations de la société civile et les partenaires internationaux. Il est important de promouvoir une culture de respect du droit d'auteur en Haïti et de mettre en place des mécanismes efficaces pour protéger les droits des créateurs et encourager leur contribution au développement culturel et économique du pays.

2.19 Point S :

Les stratégies et actions exposées au point S de ce plan nécessitent un engagement continu de la part des autorités gouvernementales, des institutions éducatives, des organisations de la société civile et de la population en général. En promouvant l'émulation et l'excellence, Haïti pourra développer et valoriser ses talents, renforcer son image nationale et favoriser le développement économique et social du pays.

2.20 Point T :

Les stratégies exposées au point T de ce plan nécessitent un engagement fort de la part du gouvernement, de la société civile et du secteur privé en Haïti. La création de la version haïtienne de l'État-providence nécessite une approche globale et progressive pour répondre aux besoins sociaux et économiques de la population et promouvoir un développement durable et inclusif.

2.21 Point U :

Les stratégies exposées au point U de ce plan nécessitent un engagement politique fort, des ressources adéquates et une coordination efficace entre les institutions gouvernementales concernées. En restaurant la diplomatie haïtienne, Haïti pourra renforcer sa position sur la scène internationale, promouvoir ses intérêts nationaux et contribuer activement aux efforts mondiaux pour la paix, la sécurité et le développement.

2.22 Point V :

Les stratégies exposées au point V de ce plan nécessitent un engagement politique fort, une volonté de changement, ainsi qu'une coordination efficace entre les institutions gouvernementales, la société civile et les partenaires internationaux. La lutte contre les biens mal acquis contribuera à renforcer l'état de droit, à promouvoir l'intégrité et à favoriser un développement économique durable et équitable.

2.23 Point W :

Les stratégies exposées au point W de ce plan nécessitent un engagement politique fort, un leadership inclusif et une volonté de dialogue et de compromis de la part de tous les acteurs concernés. Une transition politique réussie en Haïti contribuera à renforcer la stabilité, la démocratie et le développement durable du pays.

2.24 Point X :

Les stratégies exposées au point X de ce plan nécessitent une planification minutieuse, une coordination efficace entre les acteurs politiques, les institutions électorales et la société civile, ainsi qu'un engagement ferme en faveur de la démocratie et de l'intégrité électorale. Des élections libres, justes et transparentes en Haïti contribueront à renforcer la légitimité des institutions démocratiques et à promouvoir la stabilité politique et le développement du pays.

CHAPITRE III - STRATÉGIES ET ACTION PROPOSÉES

1. INTRODUCTION

Dans chaque domaine d'intérêt identifié, nous mettrons en place des stratégies et des actions spécifiques pour atteindre nos objectifs. Ces stratégies peuvent inclure :

1.1 Sensibilisation et plaidoyer :

Utiliser les médias traditionnels et les plateformes de médias sociaux pour sensibiliser le public à la situation en Haïti, aux enjeux spécifiques de chaque domaine et aux actions proposées. Mener des campagnes de plaidoyer auprès des décideurs politiques, des organisations internationales et des partenaires clés pour promouvoir nos objectifs.

1.2 Renforcement des capacités :

Organiser des ateliers, des formations et des conférences pour renforcer les compétences et les connaissances des acteurs locaux en Haïti dans chaque domaine d'intérêt. Favoriser les échanges d'expertise et de bonnes pratiques entre la Diaspora Haïtienne de France et les acteurs locaux.

1.3 Collaboration avec des partenaires locaux :

Établir des partenariats avec des organisations locales, des universités, des « think tanks » et d'autres acteurs clés en Haïti pour mettre en œuvre des projets concrets et mobiliser des ressources supplémentaires. Travailler de manière collaborative pour maximiser l'impact de nos actions.

1.4 Plaidoyer pour des réformes politiques :
Faire pression pour la mise en place de réformes politiques et institutionnelles nécessaires, telles que la réforme constitutionnelle, la dépolitisation des forces de police, la réforme agraire et la redistribution des terres. Influencer les processus décisionnels et participer activement aux débats politiques en Haïti.

1.5 Promotion de la justice et de la transparence :
Appuyer les efforts visant à promouvoir la vérité, la réconciliation et la justice en Haïti. Soutenir les initiatives de lutte contre la corruption, de protection des droits de propriété, de droits de l'homme et de responsabilité sociale.

1.6 Mobilisation des ressources financières :
Identifier et mobiliser des ressources financières pour soutenir la mise en œuvre des actions proposées. Cela peut inclure des partenariats avec des bailleurs de fonds, des campagnes de financement participatif et des initiatives de collecte de fonds.

2. PLAN D'ACTION DE A À X,

2. 1 ACTION A

Pour atteindre l'objectif de rompre les anciens contrats signés sous contrainte des pays dominants en Haïti, voici quelques stratégies et actions spécifiques à considérer :

A.1 Évaluation des contrats existants :

Effectuer une évaluation complète des contrats existants pour identifier ceux qui ont été signés sous contrainte ou qui ne sont pas dans l'intérêt national d'Haïti.

Examiner la légalité des contrats à la lumière des lois nationales et internationales, notamment en termes de transparence, de respect des droits de l'homme et de l'intérêt public.

A.2 Renforcement des capacités juridiques :

Renforcer les capacités du système juridique haïtien pour faire face aux défis liés à la résiliation de contrats et à la défense des intérêts nationaux.

Former des avocats spécialisés dans les domaines du droit international, des contrats commerciaux et de la négociation pour représenter les intérêts d'Haïti de manière efficace.

A.3 Négociation et dialogue :

Engager des négociations avec les parties concernées pour trouver des solutions mutuellement acceptables, telles que la révision des termes des contrats ou la résiliation amiable.

Utiliser le dialogue diplomatique pour sensibiliser les pays dominants aux préoccupations d'Haïti et rechercher leur coopération dans la résolution des problèmes liés aux contrats.

A.4 Mobilisation de la société civile :
Sensibiliser la société civile haïtienne aux enjeux liés aux contrats signés sous contrainte et mobiliser son soutien en faveur de mesures visant à les rompre.
Encourager la participation active des organisations de la société civile dans les débats publics, les campagnes de sensibilisation et les actions de plaidoyer.

A.5 Recours aux mécanismes de règlement des différends :
Explorer les options de recours aux mécanismes de règlement des différends, tels que l'arbitrage international ou les tribunaux internationaux, pour contester la validité des contrats signés sous contrainte.
Constituer une équipe juridique spécialisée pour présenter des arguments solides et défendre les intérêts d'Haïti devant ces instances.

A.6 Renforcement des partenariats internationaux :
Établir des partenariats avec des organisations internationales, des ONG et des pays qui soutiennent la justice économique et la souveraineté des nations pour obtenir un soutien diplomatique, juridique et financier dans la résiliation des contrats injustes.

A.7 Révision de la politique contractuelle :
Mettre en place des mécanismes de gouvernance solides pour éviter la répétition de contrats signés sous contrainte à l'avenir.
Élaborer des politiques contractuelles transparentes et équitables qui garantissent la participation et la consultation des parties prenantes nationales dans les processus de négociation et de conclusion des contrats.

Ces stratégies nécessitent une approche multidimensionnelle, combinant à la fois des efforts diplomatiques, juridiques et de mobilisation sociale. Il est important de souligner que la résiliation des contrats signés sous contrainte peut être un processus complexe et nécessite une analyse minutieuse des implications juridiques, politiques et économiques.

2.2 ACTION B

Pour redéfinir la relation économique d'Haïti avec les États-Unis, le Canada, la France, les institutions internationales et les multinationales, en favorisant une approche gagnant-gagnant, voici quelques stratégies et actions spécifiques à considérer :

B .1 Diversification des partenaires commerciaux :

Promouvoir la diversification des partenaires commerciaux en encourageant les échanges économiques avec d'autres pays et régions, afin de réduire la dépendance excessive à l'égard d'un petit nombre de pays.
Identifier de nouvelles opportunités commerciales et explorer des marchés émergents pour stimuler la croissance économique et élargir les horizons commerciaux d'Haïti.

B.2 Renforcement des capacités économiques internes :

Investir dans le renforcement des capacités économiques internes d'Haïti, notamment en améliorant l'infrastructure, en favorisant l'innovation et en développant les secteurs clés tels que l'agriculture, le tourisme, les énergies renouvelables et les industries manufacturières.
Favoriser la formation et le développement des compétences locales pour soutenir le développement économique durable et la création d'emplois en Haïti.

B.3 Promotion de l'investissement direct étranger (IDE) :

Mettre en place des politiques et des incitations attractives pour encourager les investissements directs étrangers en Haïti, en offrant des avantages compétitifs tels que des régimes fiscaux favorables, une main-d'œuvre qualifiée et des facilités administratives pour les entreprises.

Établir des partenariats public-privé pour faciliter l'investissement dans les infrastructures et les secteurs stratégiques, tout en garantissant la protection des droits des travailleurs et l'impact social et environnemental positif des investissements.

B.4 Renégociation des accords commerciaux et des contrats :

Engager des négociations avec les États-Unis, le Canada, la France et d'autres partenaires économiques pour réviser les accords commerciaux existants et les contrats avec les multinationales, en s'assurant qu'ils reflètent les intérêts et les priorités d'Haïti.

Promouvoir des conditions équitables de commerce et d'investissement qui favorisent le développement économique durable et le transfert de connaissances et de technologies vers Haïti.

B.5 Dialogue et coopération internationale :

Renforcer le dialogue et la coopération avec les États-Unis, le Canada, la France, les institutions internationales et les multinationales pour promouvoir une relation économique équilibrée et mutuellement bénéfique.

Participer activement aux forums internationaux, aux négociations commerciales et aux initiatives régionales pour défendre les intérêts d'Haïti et promouvoir une approche plus équitable dans les relations économiques internationales.

B.6 Transparence et responsabilité :
Promouvoir la transparence et la responsabilité dans les transactions commerciales et les contrats avec les partenaires économiques internationaux.
Mettre en place des mécanismes de suivi et d'évaluation pour assurer que les investissements et les accords respectent les normes sociales, environnementales et économiques d'Haïti.

B.7 Renforcement du secteur privé local :
Soutenir le développement du secteur privé local en encourageant l'entrepreneuriat, la création de petites et moyennes entreprises (PME) et l'accès au financement pour les entrepreneurs haïtiens.
Favoriser les partenariats entre les entreprises locales et les multinationales pour stimuler la croissance économique inclusive et promouvoir l'innovation et la production nationale.

Ces stratégies nécessitent une vision à long terme, une volonté politique forte et une coordination efficace entre les acteurs nationaux et internationaux. La redéfinition de la relation économique d'Haïti avec les pays dominants et les institutions internationales devrait viser à créer un environnement propice aux investissements, à la croissance économique durable et à la réduction des inégalités, tout en préservant les intérêts et la souveraineté nationale d'Haïti.

2.3 ACTION C

Pour augmenter la maturité politique du peuple haïtien, voici quelques stratégies et actions spécifiques à considérer :

C.1 Éducation civique et politique :

Renforcer l'éducation civique et politique dans les écoles en intégrant des programmes d'études qui enseignent aux jeunes Haïtiens les bases de la démocratie, des droits civiques, de la participation politique et de la responsabilité citoyenne.

Organiser des campagnes de sensibilisation et des programmes de formation pour les adultes afin de promouvoir la compréhension des processus politiques, des institutions gouvernementales et des enjeux politiques aux niveaux local, national et international.

C.2 Accès à l'information :

Favoriser l'accès à l'information en renforçant la liberté de la presse, en encourageant la transparence gouvernementale et en développant des médias indépendants.

Promouvoir l'utilisation des technologies de l'information et de la communication (TIC) pour faciliter la diffusion d'informations politiques et l'engagement citoyen.

C.3 Participation citoyenne :

Encourager la participation citoyenne active en créant des espaces de dialogue et de consultation entre les gouvernants et les citoyens, tels que des forums publics, des débats politiques et des consultations populaires.

Promouvoir l'engagement des citoyens dans les processus électoraux, les organisations de la société civile, les groupes de pression et les initiatives communautaires.

C.4 Renforcement des institutions démocratiques :
Renforcer les institutions démocratiques et l'État de droit en Haïti en promouvant l'indépendance du pouvoir judiciaire, en améliorant la capacité des organes de contrôle et en renforçant la transparence et la responsabilité des institutions gouvernementales.
Promouvoir des réformes politiques visant à garantir des élections libres et équitables, une représentation politique équilibrée et une gouvernance démocratique.

C.5 Dialogue politique inclusif :
Encourager le dialogue politique inclusif entre les différents acteurs politiques, y compris les partis politiques, les leaders communautaires, les groupes d'intérêt et les représentants de la société civile.
Favoriser la création de plateformes de dialogue multipartite pour discuter des questions politiques cruciales, résoudre les conflits et forger un consensus sur les réformes nécessaires.

C.6 Renforcement des capacités des acteurs politiques :
Fournir des formations et des programmes de renforcement des capacités pour les acteurs politiques, y compris les leaders politiques, les fonctionnaires gouvernementaux et les membres de la société civile, afin de développer leurs compétences en matière de leadership, de gouvernance et de prise de décision éclairée.

C.7 Promotion de la culture politique démocratique :
Encourager une culture politique démocratique en promouvant les valeurs de tolérance, de respect des droits de l'homme, de diversité et de pluralisme politique.
Sensibiliser la population à l'importance de la participation politique responsable, de la résolution pacifique des conflits et de la recherche du bien commun.

Ces stratégies visent à promouvoir une prise de conscience politique, à renforcer les connaissances et les compétences citoyennes, à favoriser la participation active et responsable des Haïtiens dans les affaires publiques, et à renforcer les institutions démocratiques pour une gouvernance plus inclusive et transparente. Il est important de souligner que ces actions nécessitent une approche à long terme et un engagement continu de la part des autorités gouvernementales, de la société civile et des partenaires internationaux pour réaliser des progrès significatifs dans l'augmentation de la maturité politique du peuple haïtien.

2.4 ACTION D

Pour atteindre nos objectifs dans le domaine d'intérêt de l'élaboration de la constitution centenaire, nous proposons les stratégies et actions suivantes :

D.1 Consultation et participation citoyenne :

Mettre en place un processus de consultation ouverte et inclusive pour recueillir les opinions et les idées des citoyens sur les principes et les valeurs fondamentales à inclure dans la constitution.

Organiser des débats publics, des forums et des consultations à tous les niveaux de la société pour garantir une représentation large et diversifiée des voix citoyennes.

D.2 Composition d'une assemblée constituante :

Établir une assemblée constituante composée de représentants élus démocratiquement et de représentants de la société civile pour élaborer la constitution.

Assurer une représentation équitable des différents groupes et segments de la société, y compris les femmes, les minorités ethniques, les jeunes et les personnes marginalisées.

D.3 Définition des principes et des droits fondamentaux :

Établir les principes fondamentaux de l'État, tels que la démocratie, l'état de droit, la séparation des pouvoirs, l'égalité, la justice sociale et les droits de l'homme.

Garantir l'inclusion de droits fondamentaux, tels que la liberté d'expression, la liberté de la presse, la liberté de religion, l'égalité des genres, le droit à l'éducation et le droit à la santé.

D.4 Structures de gouvernance et pouvoirs de l'État :
Définir la structure du gouvernement, y compris le pouvoir exécutif, législatif et judiciaire, et établir des mécanismes de contrôle et d'équilibre entre ces pouvoirs.
Prévoir des mécanismes de responsabilité et de transparence pour assurer une gouvernance efficace et prévenir la corruption.

D.5 Protection de l'environnement et développement durable :
Intégrer des dispositions visant à protéger l'environnement, à promouvoir le développement durable et à lutter contre le changement climatique.
Encourager l'utilisation durable des ressources naturelles, la conservation de la biodiversité et la promotion des énergies propres.

D.6 Éducation constitutionnelle et sensibilisation :
Mettre en place des programmes d'éducation constitutionnelle pour informer les citoyens sur les droits et les responsabilités découlant de la constitution.
Sensibiliser la population à l'importance de la constitution et à son rôle dans la consolidation de la démocratie et de la stabilité politique.

D.7 Référendum et adoption de la constitution :
Organiser un référendum national pour permettre aux citoyens de se prononcer sur la constitution proposée.

Assurer un processus transparent et démocratique pour l'adoption finale de la constitution, en respectant la volonté exprimée par le peuple.

En mettant en œuvre ces stratégies et actions, nous serons en mesure d'élaborer une constitution centenaire solide, démocratique et représentative qui reflète les valeurs et les aspirations du peuple, tout en garantissant la stabilité, les droits fondamentaux et le développement durable de notre pays.

2.5 ACTION E

Pour atteindre nos objectifs dans le domaine d'intérêt du projet de société haïtien, nous proposons les stratégies et actions suivantes :

E.1 Développement d'une vision commune :

Organiser des consultations populaires et des dialogues nationaux pour permettre aux citoyens de participer à l'élaboration d'une vision commune pour le projet de société haïtien.

Encourager la participation de tous les segments de la société, y compris les jeunes, les femmes, les groupes marginalisés et la diaspora haïtienne.

E.2 Renforcement des institutions démocratiques :

Promouvoir la consolidation de l'État de droit, la séparation des pouvoirs et l'indépendance des institutions démocratiques.

Renforcer la transparence, la responsabilité et la participation citoyenne dans la gouvernance publique.

E.3 Promotion de la stabilité politique et sociale :

Favoriser le dialogue politique et la résolution pacifique des conflits pour assurer la stabilité politique et sociale du pays.

Mettre en place des politiques inclusives qui favorisent l'égalité, la justice sociale et la cohésion nationale.

E.4 Développement économique durable :

Élaborer des politiques économiques visant à stimuler la croissance inclusive, la création d'emplois et la réduction de la pauvreté.

Encourager l'investissement national et étranger dans des secteurs clés tels que l'agriculture, le tourisme, les infrastructures et les énergies renouvelables.

E.5 Renforcement du système éducatif :
Investir dans l'éducation de qualité en améliorant l'accès, la formation des enseignants, la qualité des programmes et l'adaptation aux besoins du marché du travail.
Promouvoir l'éducation civique, les valeurs citoyennes et la conscience environnementale.

E.6 Promotion de la culture et du patrimoine :
Valoriser la richesse culturelle et historique d'Haïti en encourageant la préservation du patrimoine, le développement artistique et la promotion du tourisme culturel.
Soutenir les initiatives locales et communautaires pour promouvoir l'identité haïtienne et renforcer le sentiment d'appartenance à la nation.

E.7 Renforcement de la coopération internationale :
Établir des partenariats durables avec d'autres pays, organisations internationales et la diaspora haïtienne pour bénéficier de l'expertise, des ressources et des opportunités de coopération.
Attirer l'investissement étranger et la coopération technique dans des domaines prioritaires pour le développement du pays.

En mettant en œuvre ces stratégies et actions, nous serons en mesure de construire un projet de société haïtien solide, inclusif et durable qui répond aux aspirations du peuple haïtien, favorise le développement socio-économique et renforce la position d'Haïti sur la scène internationale.

2.6 ACTION F

Pour atteindre nos objectifs dans le domaine d'intérêt de la réalisation des états généraux, nous proposons les stratégies et actions suivantes :

F.1 Planification et organisation :

Établir une structure de planification chargée de l'organisation des états généraux, comprenant des représentants du gouvernement, de la société civile et d'autres parties prenantes.

Définir un calendrier clair et des objectifs spécifiques pour les états généraux, en identifiant les thématiques et les domaines clés à aborder.

F.2 Consultation et participation :

Organiser des consultations préliminaires avec les différentes parties prenantes pour recueillir leurs opinions et leurs attentes concernant les états généraux.

Mettre en place des mécanismes de participation citoyenne tels que des forums en ligne, des débats publics et des consultations thématiques pour permettre à un large éventail de voix d'être entendues.

F.3 Thématiques et groupes de travail :

Identifier les thématiques prioritaires à aborder lors des états généraux, en prenant en compte les défis et les enjeux majeurs du pays.

Constituer des groupes de travail multidisciplinaires et inclusifs pour chaque thématique, regroupant des experts, des représentants de la société civile, des acteurs politiques et d'autres parties prenantes.

F.4 Débats et échanges :

Organiser des débats ouverts et constructifs lors des états généraux, en encourageant la diversité des opinions et en favorisant le dialogue entre les participants.

Faciliter les échanges d'expériences, les bonnes pratiques et les leçons apprises pour nourrir les réflexions et les recommandations.

F.5 Analyse et synthèse :

Collecter et analyser les contributions, les propositions et les recommandations issues des débats et des travaux des états généraux.

Synthétiser les résultats et les points saillants dans un rapport final qui servira de base pour l'élaboration de politiques et de plans d'action.

F.6 Suivi et mise en œuvre :

Mettre en place un mécanisme de suivi pour assurer le suivi et la mise en œuvre des recommandations émises lors des états généraux.

Impliquer les parties prenantes dans la mise en œuvre des actions et les tenir informées des progrès réalisés.

F.7 Communication et sensibilisation :

Mettre en place une stratégie de communication efficace pour informer le public sur les états généraux, leurs objectifs, leurs processus et leurs résultats.

Sensibiliser la population à l'importance de la participation et de l'engagement dans la construction d'un avenir meilleur pour le pays.

En mettant en œuvre ces stratégies et actions, nous serons en mesure de réaliser des états généraux productifs, inclusifs et participatifs, qui permettront de générer des recommandations concrètes et de mobiliser l'ensemble de la société autour de la résolution des défis majeurs auxquels le pays est confronté.

2.7 ACTION G

Pour atteindre nos objectifs dans le domaine d'intérêt des audits de toute entreprise haïtienne, nous proposons les stratégies et actions suivantes :

G.1 Cadre législatif et réglementaire :

Élaborer et mettre en place un cadre législatif et réglementaire solide qui oblige toutes les entreprises haïtiennes à se soumettre à des audits réguliers.

Définir les normes, les procédures et les critères de conformité pour les audits, en tenant compte des meilleures pratiques internationales et des spécificités du contexte haïtien.

G.2 Création d'une autorité de régulation :

Établir une autorité indépendante chargée de la régulation et de la supervision des audits des entreprises haïtiennes.

Doter cette autorité des ressources nécessaires, y compris des compétences techniques et du personnel qualifié, pour mener à bien ses fonctions de manière efficace et transparente.

G.3 Obligation d'audit régulier :

Rendre obligatoire la réalisation d'audits réguliers pour toutes les entreprises haïtiennes, en fonction de leur taille, de leur secteur d'activité et de leur impact sur l'économie et la société.

Fixer des échéances claires pour la réalisation des audits et mettre en place des mécanismes de suivi pour s'assurer de leur respect.

G.4 Audits financiers et comptables :
Mettre l'accent sur les audits financiers et comptables pour garantir la transparence, la fiabilité des informations financières et la conformité aux normes comptables internationales.
Engager des experts comptables qualifiés et indépendants pour réaliser ces audits et assurer la vérification des états financiers des entreprises.

G.5 Audits opérationnels et de conformité :
Réaliser des audits opérationnels pour évaluer l'efficacité des processus internes, la gestion des risques, la conformité aux réglementations et la mise en œuvre de pratiques éthiques.
Examiner les pratiques de gouvernance d'entreprise, les politiques de responsabilité sociale et environnementale, ainsi que les mesures de protection des droits des travailleurs.

G.6 Sanctions et incitations :
Prévoir des sanctions dissuasives pour les entreprises qui refusent de se soumettre aux audits ou qui enfreignent les lois et les réglementations.
Mettre en place des incitations pour les entreprises qui se conforment volontairement aux audits et qui adoptent des pratiques de transparence et de responsabilité.

G.7 Sensibilisation et formation :
Sensibiliser les entreprises haïtiennes à l'importance des audits pour la bonne gouvernance, la transparence et la pérennité de leurs activités.

Fournir des formations et des ressources aux entreprises pour les aider à se préparer et à se conformer aux exigences des audits.

En mettant en œuvre ces stratégies et actions, nous serons en mesure d'établir un système d'audits solide et transparent pour toutes les entreprises haïtiennes, ce qui favorisera la bonne gouvernance, la confiance des investisseurs et la croissance économique durable du pays.

2.8 ACTION H

Pour atteindre nos objectifs dans le domaine d'intérêt de la commission vérité et réconciliation, nous proposons les stratégies et actions suivantes :

H.1 Établissement de la commission :

Mettre en place une commission vérité et réconciliation indépendante, composée de membres hautement qualifiés et impartiaux, issus de différents secteurs de la société.

Définir un mandat clair pour la commission, précisant ses objectifs, son champ d'action et la durée de son fonctionnement.

H.2 Collecte et analyse des informations :

Mettre en place des mécanismes pour collecter les témoignages, les documents, les preuves et les autres sources d'information pertinentes sur les violations des droits de l'homme et les crimes commis pendant les périodes de conflits ou de répression.

Établir des partenariats avec des organisations nationales et internationales, des institutions académiques et des experts pour soutenir la collecte et l'analyse des informations.

H.3 Protection des témoins et des victimes :

Mettre en place des mesures de protection efficaces pour assurer la sécurité et le bien-être des témoins, des victimes et de leurs familles tout au long du processus de la commission.

Établir des protocoles de confidentialité et des mécanismes de soutien psychologique pour garantir que les témoignages et les dépositions se déroulent dans un environnement sûr et respectueux.

H.4 Vérité et responsabilité :

Organiser des audiences publiques où les témoins peuvent présenter leurs témoignages et les personnes responsables peuvent être appelées à rendre compte de leurs actes.
Établir la vérité sur les événements passés, identifier les responsables des violations des droits de l'homme et promouvoir la responsabilité individuelle et collective.

H.5 Réconciliation et réparation :

Développer des mécanismes de réconciliation qui favorisent la compréhension mutuelle, la justice sociale et la cohésion nationale.
Proposer des mesures de réparation appropriées pour les victimes, telles que des programmes de soutien psychologique, des réparations matérielles, l'accès à la justice et des réformes institutionnelles visant à prévenir la répétition des violations.

H.6 Diffusion de l'information et sensibilisation :

Communiquer de manière transparente les travaux de la commission, ses conclusions et ses recommandations aux différentes parties prenantes et au grand public.
Mettre en place des campagnes de sensibilisation pour promouvoir la compréhension de l'importance de la vérité, de la réconciliation et de la prévention des violations des droits de l'homme.

H.7 Suivi et mise en œuvre :

Élaborer un plan de suivi et de mise en œuvre des recommandations de la commission, en impliquant les institutions gouvernementales, la société civile et les organisations internationales.

Établir des mécanismes de surveillance indépendants pour s'assurer que les recommandations de la commission sont mises en œuvre de manière effective et durable.

En mettant en œuvre ces stratégies et actions, nous pourrons contribuer à la vérité, à la justice, à la réconciliation et à la prévention des violations des droits de l'homme, en favorisant la construction d'une société haïtienne plus juste, pacifique et résiliente.

2.9 ACTION I

Pour atteindre nos objectifs dans le domaine d'intérêt de la commission vérité et justice, nous proposons les stratégies et actions suivantes :

I.1 Établissement de la commission :

Mettre en place une commission vérité et justice indépendante, composée de membres hautement qualifiés et impartiaux, issus de différents secteurs de la société.
Définir un mandat clair pour la commission, précisant ses objectifs, son champ d'action et la durée de son fonctionnement.

I.2 Collecte et analyse des informations :

Mettre en place des mécanismes pour collecter les témoignages, les documents, les preuves et les autres sources d'information pertinentes sur les violations des droits de l'homme et les crimes commis pendant les périodes de conflits ou d'oppression.
Établir des partenariats avec des organisations nationales et internationales, des institutions académiques et des experts pour soutenir la collecte et l'analyse des informations.

I.3 Protection des témoins et des victimes :

Mettre en place des mesures de protection efficaces pour assurer la sécurité et le bien-être des témoins, des victimes et de leurs familles tout au long du processus de la commission.
Établir des protocoles de confidentialité et des mécanismes de soutien psychologique pour garantir que les témoignages

et les dépositions se déroulent dans un environnement sûr et respectueux.

I.4 Enquêtes et poursuites judiciaires :

Mener des enquêtes approfondies sur les violations des droits de l'homme et les crimes identifiés par la commission, en veillant à ce que les responsables soient traduits en justice.

Coopérer avec le système judiciaire national et, si nécessaire, avec des tribunaux internationaux pour assurer des procédures équitables et la tenue de procès justes.

I.5 Réparation et indemnisation :

Proposer des mesures de réparation et d'indemnisation pour les victimes, en prenant en compte leurs besoins spécifiques et en favorisant leur réintégration sociale et économique.

Établir des fonds de réparation financés par l'État ou d'autres sources pour soutenir les programmes de réparation et d'indemnisation.

I.6 Diffusion de l'information et sensibilisation :

Communiquer de manière transparente les travaux de la commission, ses conclusions et ses recommandations aux différentes parties prenantes et au grand public.

Mettre en place des campagnes de sensibilisation pour promouvoir la compréhension de l'importance de la vérité, de la justice et de la prévention des violations des droits de l'homme.

I.7 Suivi et mise en œuvre :

Élaborer un plan de suivi et de mise en œuvre des recommandations de la commission, en impliquant les institutions gouvernementales, la société civile et les organisations internationales.

Établir des mécanismes de surveillance indépendants pour s'assurer que les recommandations de la commission sont mises en œuvre de manière effective et durable.

En mettant en œuvre ces stratégies et actions, nous pourrons contribuer à établir la vérité, à poursuivre les responsables des violations des droits de l'homme, à réparer les préjudices subis par les victimes et à prévenir de nouvelles violations, dans le but de favoriser la justice, la réconciliation et la construction d'une société plus respectueuse des droits fondamentaux.

2.10 ACTION J

Pour atteindre nos objectifs dans le domaine d'intérêt de la dépolitisation des forces de police, nous proposons les stratégies et actions suivantes :

J.1 Réforme législative et réglementaire :

Élaborer et mettre en place des lois et des réglementations claires qui garantissent l'indépendance et l'impartialité des forces de police, en les protégeant contre toute interférence politique.

Renforcer les mécanismes de responsabilité et de transparence en établissant des normes de conduite professionnelle et des mécanismes de contrôle efficaces.

J.2 Recrutement et formation :

Mettre en œuvre des processus de recrutement rigoureux et transparents pour les forces de police, en mettant l'accent sur les qualifications, les compétences et l'intégrité des candidats, plutôt que sur leur affiliation politique.

Fournir une formation professionnelle approfondie axée sur le respect des droits de l'homme, l'éthique professionnelle, la résolution pacifique des conflits et la gestion démocratique des manifestations.

J.3 Séparation des pouvoirs :

Établir une séparation claire entre les forces de police et les institutions politiques, en évitant toute ingérence politique dans les opérations quotidiennes et les décisions opérationnelles.

Renforcer l'indépendance des organes de supervision et de contrôle des forces de police pour prévenir les abus de pouvoir et les comportements politisés.

J.4 Renforcement de la responsabilité :

Mettre en place des mécanismes de responsabilité internes et externes pour enquêter sur les abus, les violations des droits de l'homme et les comportements politisés au sein des forces de police.

Assurer une transparence totale dans les enquêtes et les procédures disciplinaires, y compris la participation de la société civile et des organes de contrôle indépendants.

J.5 Promotion de la culture professionnelle :

Favoriser une culture professionnelle au sein des forces de police, axée sur le service public, le respect des droits de l'homme, la non-discrimination et l'impartialité.

Encourager le développement de normes éthiques et de valeurs professionnelles fortes, et promouvoir une communication ouverte et constructive entre la police et la communauté.

J.6 Dialogue et participation communautaire :

Établir des mécanismes de dialogue et de consultation avec la communauté pour comprendre ses besoins, ses préoccupations et ses attentes à l'égard des forces de police.

Impliquer activement la communauté dans la prise de décisions concernant les politiques de sécurité et les activités policières, afin de renforcer la confiance mutuelle et de répondre aux besoins spécifiques de chaque communauté.

J.7 Sensibilisation et formation continue :

Mener des campagnes de sensibilisation pour informer le grand public sur l'importance de la dépolitisation des forces de police et les avantages d'une police impartiale et indépendante.

Fournir une formation continue aux membres des forces de police sur les principes de dépolitisation, les droits de l'homme, la gestion des conflits et les meilleures pratiques en matière de maintien de l'ordre.

En mettant en œuvre ces stratégies et actions, nous pourrons contribuer à la dépolitisation des forces de police, favorisant ainsi une police professionnelle, impartiale et responsable, qui protège les droits fondamentaux, maintient la sécurité publique et renforce la confiance entre la police et la communauté.

2.11 ACTION K

Pour atteindre nos objectifs dans le domaine d'intérêt de la réforme agraire et de la redistribution des terres, nous proposons les stratégies et actions suivantes :

K.1 Collecte de données et analyse :

Collecter des données complètes et précises sur la répartition des terres, la propriété foncière, les inégalités et les injustices dans le système agraire existant.

Analyser ces données pour identifier les zones où une réforme agraire est nécessaire et les groupes de population les plus touchés par l'inégalité foncière.

K.2 Développement d'une politique de réforme agraire :

Élaborer une politique claire de réforme agraire qui définit les objectifs, les principes et les mécanismes de redistribution des terres.

Impliquer les parties prenantes, y compris les agriculteurs, les communautés rurales, les organisations de la société civile et les experts, dans le processus d'élaboration de la politique pour assurer une approche inclusive et participative.

K.3 Identification et acquisition des terres :

Identifier les terres appropriées pour la redistribution en fonction de critères tels que la taille des exploitations, la concentration de la propriété foncière, les droits ancestraux et les besoins des communautés locales.

Mettre en place des mécanismes légaux et transparents pour l'acquisition des terres, y compris l'expropriation, la compensation juste et la résolution des conflits fonciers.

K.4 Promotion de l'agriculture durable et inclusive :
Encourager l'adoption de pratiques agricoles durables, telles que l'agroécologie, la diversification des cultures et la préservation de l'environnement.
Soutenir les petits agriculteurs et les coopératives agricoles en leur fournissant un accès équitable aux ressources, aux crédits, aux infrastructures et aux services agricoles.

K.5 Accompagnement et formation :
Fournir une formation technique et professionnelle aux bénéficiaires de la redistribution des terres, afin de renforcer leurs compétences en matière d'agriculture, de gestion des terres et de commercialisation de leurs produits.
Mettre en place des programmes d'accompagnement et de conseil pour soutenir les agriculteurs dans la transition vers de nouvelles exploitations agricoles.

K.6 Renforcement des droits fonciers et de la gouvernance :
Mettre en place des mécanismes pour garantir la sécurisation des droits fonciers des bénéficiaires de la redistribution des terres, en reconnaissant et en protégeant leurs droits ancestraux, leurs droits d'usage et leurs droits de propriété.
Promouvoir la gouvernance participative et démocratique des terres, en impliquant les communautés locales dans la prise de décisions concernant la gestion des terres et des ressources naturelles.

K.7 Suivi et évaluation :

Établir des mécanismes de suivi et d'évaluation pour évaluer l'impact de la réforme agraire et de la redistribution des terres, tant sur les bénéficiaires que sur les objectifs globaux tels que la réduction de la pauvreté, la sécurité alimentaire et l'équité sociale.

Utiliser les résultats de ces évaluations pour ajuster les politiques et les stratégies de réforme agraire en fonction des besoins et des réalités sur le terrain.

En mettant en œuvre ces stratégies et actions, nous pourrons contribuer à la réforme agraire et à la redistribution des terres, en visant à réduire les inégalités foncières, à promouvoir une agriculture durable et inclusive, à renforcer les droits fonciers des communautés et à améliorer les conditions de vie des agriculteurs.

2.12 ACTION L

Pour atteindre nos objectifs dans le domaine d'intérêt d'un nouveau modèle de parti politique et de la fin des partis politiques existants en Haïti, nous proposons les stratégies et actions suivantes :

L.1 Sensibilisation et mobilisation citoyenne :

Sensibiliser la population haïtienne aux problèmes et aux lacunes des partis politiques existants et aux avantages d'un nouveau modèle de parti politique.

Organiser des campagnes de sensibilisation pour encourager la participation citoyenne active et l'engagement politique.

L.2 Renforcement des organisations de la société civile :

Soutenir et renforcer les organisations de la société civile en Haïti, telles que les groupes de défense des droits de l'homme, les organisations communautaires et les mouvements citoyens.

Encourager ces organisations à jouer un rôle actif dans la promotion d'un nouveau modèle de parti politique et de la participation citoyenne.

L.3 Formation politique et renforcement des capacités :

Organiser des programmes de formation politique pour les citoyens haïtiens, en mettant l'accent sur la compréhension des enjeux politiques, les compétences en leadership et la participation démocratique.

Renforcer les capacités des futurs dirigeants politiques en Haïti en offrant des formations sur la gestion politique, la gouvernance et l'éthique publique.

L.4 Promotion de la démocratie participative :
Encourager la mise en place de mécanismes de démocratie participative au niveau local, tels que les conseils consultatifs citoyens, les assemblées communautaires et les forums de discussion.
Favoriser la participation des citoyens dans la prise de décisions politiques, notamment en impliquant les communautés dans la planification et la gestion des affaires publiques.

L.5 Réforme législative et électorale :
Promouvoir une réforme législative et électorale en Haïti pour renforcer la transparence, la responsabilité et l'équité dans le système politique.
Proposer des réformes visant à limiter l'influence de l'argent en politique, à garantir des élections libres et équitables, et à renforcer les mécanismes de contrôle et de surveillance.

L.6 Encouragement de nouvelles initiatives politiques :
Soutenir et encourager l'émergence de nouveaux mouvements politiques et de partis politiques indépendants en Haïti.
Mettre en place des mécanismes de soutien financier et de renforcement des capacités pour favoriser la création et le développement de ces nouvelles initiatives politiques.

L.7 Collaboration internationale et échanges d'expériences :
Établir des partenariats avec des organisations internationales et d'autres pays qui ont déjà entrepris des réformes politiques similaires.

Faciliter les échanges d'expériences et de bonnes pratiques entre Haïti et d'autres pays pour renforcer les connaissances et les compétences dans la construction d'un nouveau modèle de parti politique.

Il est important de noter que la réalisation d'un nouveau modèle de parti politique et la fin des partis politiques existants peuvent nécessiter des efforts soutenus et un engagement à long terme. La mise en œuvre de ces stratégies doit être adaptée aux réalités et aux défis spécifiques de Haïti, en tenant compte de la culture politique locale et des aspirations de la population haïtienne.

2.13 ACTION M

Pour atteindre nos objectifs dans le domaine d'intérêt de la campagne d'éducation juridique citoyenne en Haïti, nous proposons les stratégies et actions suivantes :

M.1 Développement de supports pédagogiques :

Élaborer des supports pédagogiques clairs et accessibles pour expliquer les principes et les concepts juridiques de base en Haïti.

Produire des brochures, des guides et des vidéos éducatives qui abordent des sujets tels que les droits fondamentaux, le système judiciaire, les procédures légales et les responsabilités citoyennes.

M.2 Campagnes de sensibilisation :

Organiser des campagnes de sensibilisation à l'échelle nationale pour informer la population haïtienne sur les droits et les devoirs juridiques.

Utiliser les médias traditionnels et les plateformes en ligne pour diffuser des messages éducatifs et sensibiliser les citoyens aux enjeux juridiques qui les concernent.

M.3 Formation juridique pour les citoyens :

Organiser des séminaires, des ateliers et des sessions de formation juridique dans les communautés haïtiennes.

Collaborer avec des avocats, des juristes et des organisations de la société civile pour fournir des informations pratiques sur les droits, les procédures légales et les recours juridiques.

M.4 Renforcement des capacités des acteurs locaux :
Former les leaders communautaires, les enseignants, les agents de santé, les membres des organisations de la société civile et d'autres acteurs locaux sur les questions juridiques pertinentes.
Les doter des connaissances nécessaires pour informer et conseiller les membres de leur communauté sur les questions juridiques et les recours disponibles.

M.5 Partenariats avec les institutions juridiques :
Établir des partenariats avec les institutions juridiques en Haïti, telles que les facultés de droit, les tribunaux et les barreaux d'avocats.
Collaborer avec ces institutions pour organiser des conférences, des séminaires et des programmes de mentorat afin de promouvoir l'éducation juridique citoyenne.

M.6 Utilisation des technologies de l'information et de la communication :
Exploiter les outils numériques, tels que les applications mobiles, les sites web et les médias sociaux, pour diffuser l'information juridique de manière accessible et interactive.
Créer des plateformes en ligne où les citoyens peuvent poser des questions juridiques, obtenir des conseils et accéder à des ressources juridiques.

M.7 Suivi et évaluation :
Mettre en place des mécanismes de suivi et d'évaluation pour mesurer l'impact de la campagne d'éducation juridique citoyenne.

Collecter des données sur la connaissance juridique des citoyens, leur participation aux processus juridiques et leur capacité à faire valoir leurs droits.

Il est important de veiller à ce que la campagne d'éducation juridique citoyenne soit adaptée aux besoins et aux réalités spécifiques de la population haïtienne. En impliquant activement les communautés et en favorisant la participation citoyenne, nous pourrons contribuer à renforcer la compréhension des droits et des responsabilités juridiques en Haïti.

2.14 ACTION N

Pour atteindre nos objectifs dans le domaine d'intérêt du service militaire obligatoire pour tous les Haïtiens, nous proposons les stratégies et actions suivantes :

N.1 Élaboration d'une législation appropriée :

Élaborer et adopter une législation spécifique qui rend le service militaire obligatoire pour tous les citoyens haïtiens. La législation doit préciser les modalités du service, y compris la durée, les critères d'exemption, les droits et les devoirs des conscrits.

N.2 Campagnes d'information et de sensibilisation :

Organiser des campagnes d'information et de sensibilisation pour expliquer les objectifs et les avantages du service militaire obligatoire.

Fournir des informations claires sur les droits et les responsabilités des conscrits, ainsi que sur les opportunités de développement personnel et professionnel offertes par le service.

N.3 Mise en place d'une structure de recrutement et d'organisation :

Établir une structure de recrutement et d'organisation efficace pour gérer le processus de sélection des conscrits et leur affectation aux différentes branches des forces armées.

Mettre en place des critères objectifs et transparents pour garantir une sélection équitable et éviter toute discrimination.

N.4 Formation et développement des compétences :
Concevoir des programmes de formation complets pour les conscrits, en mettant l'accent sur les compétences militaires de base, mais également sur le développement personnel, la résolution de problèmes, le leadership et la citoyenneté.
Offrir des opportunités de formation professionnelle et technique pour préparer les conscrits à intégrer le marché du travail après leur service militaire.

N.5 Encadrement et suivi :
Assurer un encadrement adéquat tout au long du service militaire obligatoire, en fournissant un soutien psychologique, médical et social aux conscrits.
Mettre en place des mécanismes de suivi pour évaluer la progression des conscrits, s'assurer de leur bien-être et de leur engagement dans le service.

N.6 Intégration dans la société civile :
Promouvoir l'intégration des anciens conscrits dans la société civile après leur service militaire, en facilitant leur transition vers des emplois ou des études supérieures.
Mettre en place des programmes d'aide à la réintégration, des initiatives de mentorat et des opportunités de volontariat pour favoriser leur engagement continu dans la société.

N.7 Surveillance et évaluation :
Mettre en place un système de surveillance et d'évaluation pour évaluer l'efficacité et l'impact du service militaire obligatoire.
Collecter des données pertinentes, telles que le taux de participation, les performances des conscrits et les

retombées positives sur la société, afin de mesurer les résultats obtenus.

Il est essentiel de prendre en compte les ressources financières, logistiques et humaines nécessaires pour mettre en œuvre le service militaire obligatoire. De plus, il convient de garantir que les droits des conscrits sont respectés et que des mécanismes de supervision appropriés sont mis en place pour éviter les abus.

2.15 ACTION O

Pour atteindre nos objectifs dans le domaine d'intérêt du pacte social haïtien, qui vise à renforcer la cohésion sociale et promouvoir le développement inclusif en Haïti, nous proposons les stratégies et actions suivantes :

O.1 Dialogue national et participation citoyenne :

Organiser un dialogue national inclusif impliquant les différentes parties prenantes de la société haïtienne, y compris les représentants du gouvernement, de la société civile, des groupes communautaires, des entreprises et des organisations religieuses.

Encourager la participation active des citoyens dans le processus décisionnel et favoriser la prise de décisions collectives pour élaborer un pacte social inclusif.

O.2 Identité et valeurs communes :

Promouvoir la création d'une identité nationale basée sur des valeurs communes telles que la solidarité, la justice, l'égalité, le respect des droits de l'homme et la diversité culturelle.

Renforcer l'éducation civique et les programmes d'éducation formelle et informelle pour inculquer ces valeurs aux citoyens haïtiens dès leur plus jeune âge.

O.3 Réduction des inégalités et inclusion sociale :

Mettre en place des politiques et des programmes visant à réduire les inégalités socio-économiques et à promouvoir l'inclusion sociale des groupes marginalisés, notamment les femmes, les jeunes, les personnes handicapées et les populations rurales.

Accorder une attention particulière à l'accès à l'éducation, à la santé, à l'emploi, au logement et à la participation politique pour tous les citoyens.

O.4 Renforcement des institutions démocratiques :
Promouvoir la transparence, la responsabilité et l'efficacité des institutions démocratiques en Haïti, y compris le gouvernement, le parlement, le système judiciaire et les organes de contrôle.
Encourager la participation citoyenne dans la gouvernance et la prise de décisions publiques, en renforçant les mécanismes de reddition de comptes, tels que les consultations publiques et les mécanismes de plainte.

O.5 Développement économique durable :
Favoriser un développement économique durable et équitable en Haïti, en encourageant l'entrepreneuriat, l'investissement responsable, la création d'emplois décents et la protection de l'environnement.
Promouvoir des politiques économiques inclusives qui favorisent la croissance économique tout en réduisant les écarts de richesse et en assurant la protection sociale pour tous les citoyens.

O.6 Renforcement de la cohésion sociale :
Encourager les initiatives de réconciliation et de renforcement de la confiance entre les différentes composantes de la société haïtienne.
Promouvoir le dialogue interculturel, la résolution pacifique des conflits et la promotion des droits de l'homme et des libertés fondamentales.

O.7 Suivi et évaluation :

Mettre en place un système de suivi et d'évaluation pour mesurer les progrès réalisés dans la mise en œuvre du pacte social haïtien.

Collecter des données pertinentes sur les indicateurs sociaux, économiques et environnementaux pour évaluer l'impact des politiques et des programmes mis en place.

Il est essentiel d'assurer la participation continue des citoyens, la transparence et la responsabilité dans la mise en œuvre du pacte social. Des mécanismes de suivi et de reddition de comptes doivent être mis en place pour garantir que les engagements pris soient effectivement respectés et que les résultats escomptés soient atteints.

2.16 ACTION P

Pour atteindre nos objectifs dans le domaine d'intérêt de l'éducation entrepreneuriale pour tous les Haïtiens, nous proposons les stratégies et actions suivantes :

P.1 Intégration de l'éducation entrepreneuriale dans le système éducatif :

Introduire des programmes d'éducation entrepreneuriale dès le niveau primaire jusqu'au niveau supérieur, en adaptant le contenu et les méthodes pédagogiques à chaque tranche d'âge.

Collaborer avec le ministère de l'Éducation haïtien pour intégrer l'éducation entrepreneuriale dans les programmes d'études et les plans de formation des enseignants.

P.2 Sensibilisation à l'entrepreneuriat :

Organiser des campagnes de sensibilisation à grande échelle pour promouvoir la culture entrepreneuriale et susciter l'intérêt des Haïtiens pour l'entrepreneuriat.

Mettre en avant des exemples de réussite d'entrepreneurs haïtiens et partager des récits inspirants pour motiver les futurs entrepreneurs.

P.3 Formation et développement des compétences entrepreneuriales :

Concevoir des programmes de formation complets axés sur le développement des compétences entrepreneuriales, tels que la créativité, la gestion des risques, la planification stratégique, la gestion financière et la communication.

Organiser des ateliers, des séminaires et des formations pratiques animés par des entrepreneurs expérimentés pour permettre aux participants d'acquérir des compétences spécifiques et de développer leur réseau professionnel.

P.4 Accès au financement et aux ressources :

Faciliter l'accès au financement pour les entrepreneurs haïtiens en établissant des partenariats avec des institutions financières, des investisseurs providentiels et des organisations de microfinance.

Mettre en place des mécanismes de soutien, tels que des incubateurs d'entreprises, des espaces de coworking et des centres de ressources, pour fournir un soutien technique, financier et logistique aux entrepreneurs.

P.5 Encouragement de l'innovation et de la créativité :

Promouvoir l'innovation et la créativité en encourageant les entrepreneurs haïtiens à développer des produits, des services et des solutions novateurs répondant aux besoins locaux et aux défis sociaux et environnementaux du pays.

Organiser des concours d'innovation, des hackathons et des événements entrepreneuriaux pour stimuler la créativité et récompenser les idées entrepreneuriales prometteuses.

P.6 Réseautage et mentorat :

Faciliter les opportunités de réseautage entre les entrepreneurs haïtiens, les investisseurs, les experts et les mentors.

Établir des programmes de mentorat où des entrepreneurs expérimentés peuvent partager leurs connaissances et leur expérience avec les nouveaux entrepreneurs, les guider dans leurs parcours et les aider à surmonter les obstacles.

P.7 Suivi et évaluation des résultats :
Mettre en place un système de suivi et d'évaluation pour mesurer l'impact des programmes d'éducation entrepreneuriale et ajuster les stratégies en conséquence. Collecter des données sur le nombre d'entrepreneurs formés, le taux de création d'entreprises, les emplois créés et les revenus générés pour évaluer l'efficacité des initiatives mises en place.

Il est important de créer un écosystème favorable à l'entrepreneuriat en Haïti, en collaborant avec les acteurs gouvernementaux, les organisations de la société civile, les universités, les entreprises et les investisseurs. La pérennité des programmes et des initiatives d'éducation entrepreneuriale nécessite un engagement à long terme et une coordination efficace entre les différentes parties prenantes.

2.17 ACTION Q

Pour atteindre nos objectifs dans le domaine d'intérêt de la réforme notariale et de la protection des droits de propriété, voici quelques stratégies et actions spécifiques à considérer :

Q.1 Élaboration et adoption de lois notariales modernes :

Réviser et mettre à jour la législation notariale existante pour la rendre conforme aux normes internationales et aux meilleures pratiques.

Adopter de nouvelles lois notariales qui clarifient les procédures, définissent les responsabilités et les obligations des notaires, et renforcent la protection des droits de propriété.

Q.2 Renforcement des compétences notariales :

Mettre en place des programmes de formation continue pour les notaires afin de renforcer leurs compétences professionnelles, leur connaissance de la législation et des procédures notariales, ainsi que leur éthique et leur responsabilité professionnelle.

Favoriser les échanges de bonnes pratiques et encourager la participation des notaires à des formations spécialisées sur des sujets tels que la protection des droits de propriété et la gestion des transactions immobilières.

Q.3 Amélioration de l'accessibilité et de l'efficacité notariales :
Élargir le réseau des offices notariaux et veiller à ce que les services notariaux soient accessibles à tous les citoyens, y compris dans les zones rurales et les régions éloignées.
Mettre en place des mesures pour réduire les délais de traitement des actes notariés, améliorer l'efficacité des procédures et garantir la qualité des services notariaux.

Q.4 Utilisation des technologies de l'information et de la communication (TIC) :
Promouvoir l'utilisation des TIC dans les activités notariales, telles que la dématérialisation des actes, la numérisation des registres et la mise en place de systèmes électroniques de suivi des transactions.
Mettre en place des plateformes en ligne pour faciliter l'accès aux informations notariales, permettre la prise de rendez-vous en ligne et simplifier les procédures administratives.

Q.5 Sensibilisation et éducation des citoyens :
Mener des campagnes de sensibilisation pour informer les citoyens sur l'importance de la protection des droits de propriété et le rôle des notaires dans ce processus.
Fournir une éducation juridique de base aux citoyens pour qu'ils comprennent leurs droits et obligations en matière de propriété et puissent prendre des décisions éclairées lors de transactions immobilières.

Q.6 Renforcement de la coopération entre les acteurs :
Favoriser la collaboration entre les notaires, les autorités gouvernementales, les professionnels du droit et les organisations de la société civile pour promouvoir la réforme notariale et la protection des droits de propriété.
Établir des mécanismes de coordination et de partage d'informations pour assurer une application cohérente des lois notariales et une protection efficace des droits de propriété.

Q.7 Mise en place de mécanismes de contrôle et de sanction :
Établir des mécanismes de contrôle de la profession notariale pour assurer le respect des normes éthiques et professionnelles.
Prévoir des sanctions appropriées en cas de faute professionnelle ou de violation des règles notariales, afin de garantir l'intégrité du système notarial.

Il est important de souligner que ces stratégies et actions doivent être adaptées au contexte spécifique du pays, en l'occurrence Haïti, et nécessitent une coordination étroite entre les autorités gouvernementales, les notaires, les professionnels du droit, les organisations de la société civile et les citoyens.

2.18 ACTION R

Pour atteindre nos objectifs dans le domaine d'intérêt de la résolution du droit d'auteur haïtien, voici quelques stratégies et actions spécifiques à considérer :

R.1 Révision et mise à jour de la législation sur le droit d'auteur :

Réviser la loi sur le droit d'auteur existante pour la rendre conforme aux normes internationales et aux meilleures pratiques en matière de protection des droits d'auteur.

Mettre en place des dispositions juridiques claires et efficaces pour protéger les droits d'auteur dans tous les domaines créatifs, tels que la littérature, les arts visuels, la musique, le cinéma et les logiciels.

R.2 Sensibilisation et éducation des créateurs et du public :

Mener des campagnes de sensibilisation pour informer les créateurs haïtiens sur leurs droits d'auteur et les avantages de la protection légale de leurs œuvres.

Éduquer le public sur l'importance du respect des droits d'auteur et les conséquences de la violation de ces droits, afin de favoriser une culture du respect de la propriété intellectuelle.

R.3 Renforcement des capacités des acteurs concernés :

Fournir une formation et un soutien aux créateurs haïtiens sur les aspects juridiques du droit d'auteur, y compris l'enregistrement des œuvres, la gestion des droits et la résolution des litiges.

Renforcer les capacités des autorités compétentes, telles que l'Office National du Droit d'Auteur (ONDA), en leur fournissant les ressources et les outils nécessaires pour faire respecter les droits d'auteur de manière efficace.

R.4 Promotion de l'enregistrement des œuvres :
Faciliter et promouvoir l'enregistrement des œuvres auprès de l'ONDA ou d'une entité compétente, en mettant en place des procédures simplifiées et accessibles.
Sensibiliser les créateurs sur les avantages de l'enregistrement, tels que la preuve de l'antériorité des droits, la facilitation des transactions commerciales et la possibilité de recours juridiques plus efficaces en cas de violation.

R.5 Renforcement des mécanismes de protection et d'application :
Mettre en place des mécanismes efficaces de surveillance et de lutte contre les violations du droit d'auteur, y compris la piraterie, la contrefaçon et l'utilisation non autorisée des œuvres.
Renforcer la coopération entre les autorités compétentes, les forces de l'ordre et les organismes de régulation pour une application plus efficace des lois sur le droit d'auteur.

R.6 Promotion de la gestion collective des droits :
Encourager la création et le renforcement des sociétés de gestion collective des droits d'auteur, qui jouent un rôle essentiel dans la collecte et la répartition des redevances pour le compte des créateurs.

Sensibiliser les créateurs sur les avantages de la gestion collective, tels que la simplification des processus de gestion des droits et l'augmentation des revenus.

R.7 Coopération internationale :
Renforcer la coopération avec les organisations internationales et les pays membres de l'Organisation mondiale de la propriété intellectuelle (OMPI) pour bénéficier de leur expertise et de leur assistance technique dans le renforcement du droit d'auteur en Haïti.
Participer à des accords et traités internationaux sur le droit d'auteur pour renforcer la protection des droits d'auteur haïtiens à l'échelle internationale.

Ces stratégies et actions nécessitent une coordination étroite entre les autorités gouvernementales, les créateurs, les associations professionnelles, les organisations de la société civile et les partenaires internationaux. Il est important de promouvoir une culture de respect du droit d'auteur en Haïti et de mettre en place des mécanismes efficaces pour protéger les droits des créateurs et encourager leur contribution au développement culturel et économique du pays.

2.19 ACTION S

Pour atteindre nos objectifs dans le domaine d'intérêt de la promotion de l'émulation et de l'excellence haïtienne, voici quelques stratégies et actions spécifiques à considérer :

S.1 Investir dans l'éducation de qualité :

Améliorer l'accès à une éducation de qualité pour tous les citoyens haïtiens, en mettant l'accent sur l'éducation primaire et secondaire.

Renforcer les programmes d'éducation axés sur le développement des compétences clés, tels que la pensée critique, la créativité, la résolution de problèmes et la communication.

S.2 Encourager la recherche et l'innovation :

Promouvoir la recherche scientifique, technologique et sociale en soutenant les institutions de recherche, les universités et les centres d'innovation.

Établir des partenariats entre les secteurs publics, privés et académiques pour stimuler l'innovation et la création d'emplois.

S.3 Reconnaître et valoriser l'excellence :

Mettre en place des prix et des récompenses pour reconnaître et célébrer les réalisations exceptionnelles dans divers domaines, tels que les sciences, les arts, le sport, l'entrepreneuriat et le leadership.

Organiser des événements et des expositions pour mettre en valeur les talents et les succès haïtiens, afin de stimuler l'émulation et l'inspiration.

S.4 Promouvoir le mentorat et le partage d'expériences : Établir des programmes de mentorat pour jumeler des personnes talentueuses et accomplies avec des jeunes aspirants dans leur domaine d'intérêt.
Organiser des conférences, des ateliers et des séminaires où des experts haïtiens peuvent partager leurs expériences et leurs connaissances avec les nouvelles générations.

S.5 Développer l'infrastructure culturelle et sportive : Investir dans l'aménagement d'infrastructures culturelles et sportives modernes pour permettre l'épanouissement des talents et la pratique des activités artistiques et sportives.
Soutenir la création de centres culturels, de théâtres, de musées, de stades et d'installations sportives de qualité pour encourager la participation et l'excellence dans ces domaines.

S.6 Favoriser la collaboration et les partenariats : Encourager la collaboration entre les secteurs publics, privés, académiques et la société civile pour promouvoir l'émulation et l'excellence.
Établir des partenariats avec des organisations et des institutions internationales pour faciliter les échanges, les formations et les opportunités de développement professionnel.

S.7 Promouvoir la fierté nationale et l'identité culturelle :
Mettre en valeur le patrimoine culturel haïtien à travers des initiatives de promotion et de préservation, telles que des festivals, des expositions et des événements culturels.

Encourager l'enseignement et l'apprentissage de l'histoire, de la culture et des traditions haïtiennes dans les écoles et les communautés.

Ces stratégies et actions nécessitent un engagement continu de la part des autorités gouvernementales, des institutions éducatives, des organisations de la société civile et de la population en général. En promouvant l'émulation et l'excellence, Haïti pourra développer et valoriser ses talents, renforcer son image nationale et favoriser le développement économique et social du pays.

2.20 ACTION T

Pour atteindre nos objectifs dans le domaine d'intérêt de la création de la version haïtienne de l'État-providence, voici quelques stratégies et actions spécifiques à considérer :

T.1 Analyse des besoins et des ressources :

Réaliser une analyse approfondie des besoins sociaux, économiques et de santé de la population haïtienne afin de déterminer les domaines prioritaires pour l'intervention de l'État-providence.

Évaluer les ressources disponibles, y compris les finances publiques, pour déterminer les mesures réalisables à court et à long terme.

T.2 Renforcement des services sociaux de base :

Investir dans l'amélioration et l'expansion des services sociaux de base tels que l'éducation, la santé, le logement et l'accès à l'eau potable.

Assurer une éducation de qualité et accessible à tous les niveaux, en mettant l'accent sur la formation professionnelle et technique pour répondre aux besoins du marché du travail.

T.3 Protection sociale :

Mettre en place des systèmes de protection sociale, tels que des programmes de sécurité sociale, d'assurance maladie et de retraite, pour garantir un filet de sécurité pour les populations vulnérables.

Établir des mécanismes de protection sociale ciblés pour les groupes marginalisés tels que les personnes âgées, les personnes handicapées et les enfants en situation de vulnérabilité.

T.4 Promotion de l'emploi et du développement économique :
Favoriser la création d'emplois décents en encourageant l'investissement local et étranger dans des secteurs clés de l'économie haïtienne.
Soutenir le développement des petites et moyennes entreprises en fournissant un accès au financement, à la formation et au soutien technique.

T.5 Lutte contre la pauvreté et les inégalités :
Mettre en œuvre des politiques et des programmes visant à réduire la pauvreté et les inégalités, en accordant une attention particulière aux zones rurales et aux populations les plus défavorisées.
Promouvoir la redistribution équitable des ressources et la promotion de l'inclusion sociale pour assurer que tous les citoyens puissent bénéficier des avantages de l'État-providence.

T.6 Renforcement des institutions et de la gouvernance :
Renforcer les institutions gouvernementales responsables de la planification, de la mise en œuvre et du suivi des politiques sociales afin d'assurer leur efficacité et leur transparence.
Promouvoir la participation citoyenne et la responsabilité sociale en encourageant le dialogue entre le gouvernement, la société civile et le secteur privé dans la formulation des politiques sociales.

T.7 Mobilisation des ressources :

Explorer des mécanismes de mobilisation de ressources supplémentaires, tels que des partenariats public-privé, des fonds d'investissement social et des collaborations avec des organisations internationales et des bailleurs de fonds.

Renforcer la gestion financière et la transparence pour garantir l'utilisation efficace des ressources allouées à l'État-providence.

Ces stratégies nécessitent un engagement fort de la part du gouvernement, de la société civile et du secteur privé en Haïti. La création de la version haïtienne de l'État-providence nécessite une approche globale et progressive pour répondre aux besoins sociaux et économiques de la population et promouvoir un développement durable et inclusif.

2.21 ACTION U

Pour restaurer la diplomatie haïtienne et atteindre vos objectifs dans ce domaine d'intérêt, voici quelques stratégies et actions spécifiques à considérer :

U.1 Renforcer les institutions diplomatiques :

Renforcer le ministère des Affaires étrangères en fournissant des ressources adéquates, en améliorant les capacités du personnel diplomatique et en modernisant les processus et les technologies utilisés.
Établir des critères de sélection rigoureux pour le recrutement et la promotion du personnel diplomatique afin de garantir la compétence et l'intégrité.

U.2 Établir des relations diplomatiques solides :

Identifier les pays et les régions stratégiques pour Haïti et travailler à l'établissement de relations diplomatiques solides avec eux.
Renforcer les échanges culturels, économiques et politiques avec les pays partenaires par le biais de visites officielles, d'accords de coopération et de forums diplomatiques.

U.3 Promotion de la diplomatie économique :

Utiliser la diplomatie économique pour attirer les investissements étrangers, promouvoir les exportations haïtiennes et stimuler la croissance économique.
Organiser des événements de promotion économique, des foires commerciales et des rencontres d'affaires pour mettre en valeur le potentiel économique d'Haïti et encourager les partenariats internationaux.

U.4 Renforcement de la diplomatie culturelle :
Utiliser la diplomatie culturelle pour promouvoir l'image culturelle d'Haïti à l'étranger, en mettant l'accent sur les arts, la musique, la littérature et d'autres formes d'expression culturelle.
Organiser des événements culturels, des festivals et des expositions pour présenter la richesse culturelle haïtienne et favoriser les échanges interculturels.

U.5 Promotion des intérêts nationaux :
Développer une politique étrangère claire et cohérente qui défend les intérêts nationaux d'Haïti, en particulier en matière de commerce, de développement durable, de sécurité et de droits de l'homme.
Représenter activement Haïti dans les organisations internationales et les forums multilatéraux pour faire valoir les positions nationales et influencer les décisions mondiales.

U.6 Renforcement de la coopération régionale :
Renforcer la coopération avec les pays voisins et les organisations régionales pour aborder les problèmes communs, tels que la sécurité, la migration, l'environnement et le commerce régional.
Participer activement aux initiatives régionales, aux dialogues et aux mécanismes de coopération pour promouvoir la stabilité et le développement régional.

U.7 Renforcement de la diplomatie publique :
Mettre en place des stratégies de communication efficaces pour informer et sensibiliser la population haïtienne aux

enjeux diplomatiques et aux actions menées par le gouvernement.
Utiliser les médias traditionnels et les plateformes numériques pour diffuser des informations sur les activités diplomatiques, les réalisations et les priorités du pays.

Ces stratégies nécessitent un engagement politique fort, des ressources adéquates et une coordination efficace entre les institutions gouvernementales concernées. En restaurant la diplomatie haïtienne, Haïti pourra renforcer sa position sur la scène internationale, promouvoir ses intérêts nationaux et contribuer activement aux efforts mondiaux pour la paix, la sécurité et le développement.

2.22 ACTION V

Pour lutter contre les biens mal acquis, voici quelques stratégies et actions spécifiques à considérer :

V.1 Renforcement des institutions de lutte contre la corruption :

Renforcer les institutions chargées de la lutte contre la corruption, telles que les agences anti-corruption et les organismes de contrôle financier.

Assurer leur indépendance, leur impartialité et leur efficacité en leur fournissant les ressources nécessaires et en garantissant leur autonomie opérationnelle.

V.2 Renforcement du cadre juridique et réglementaire :

Adopter et mettre en œuvre des lois et des réglementations rigoureuses pour prévenir, détecter et réprimer les biens mal acquis.

Mettre en place des mécanismes de déclaration des avoirs et des revenus des fonctionnaires et des personnes politiquement exposées, ainsi que des mécanismes de vérification et de sanction en cas de non-respect.

V.3 Coopération internationale :

Renforcer la coopération avec les organismes internationaux et les pays partenaires dans la lutte contre les biens mal acquis, y compris l'échange d'informations, l'extradition des criminels et le gel des avoirs illicites à l'étranger.

Participer activement aux initiatives internationales de lutte contre la corruption, telles que la Convention des Nations

Unies contre la corruption et le Groupe d'action financière (GAFI).

V.4 Sensibilisation et éducation :

Sensibiliser la population aux conséquences néfastes des biens mal acquis sur le développement économique et social.

Mettre en place des programmes d'éducation civique et de sensibilisation dans les écoles et les communautés pour promouvoir l'éthique, l'intégrité et la responsabilité dans la gestion des affaires publiques et privées.

V.5 Renforcement de la transparence et de la reddition de comptes :

Promouvoir la transparence dans la gestion des finances publiques, y compris les marchés publics, les contrats et les transactions financières.

Renforcer les mécanismes de reddition de comptes en exigeant des audits indépendants, en encourageant la participation citoyenne et en protégeant les lanceurs d'alerte.

V.6 Confiscation des biens illicites :

Mettre en place des procédures efficaces de confiscation des biens acquis de manière illicite, en assurant leur restitution aux victimes ou leur utilisation à des fins de développement social.

Collaborer avec les institutions judiciaires et les autorités compétentes pour mener des enquêtes approfondies sur les cas de biens mal acquis et poursuivre les responsables en justice.

V.7 Renforcement de la gouvernance et de l'intégrité :
Promouvoir une gouvernance transparente, participative et responsable à tous les niveaux, en encourageant la participation citoyenne, la décentralisation et la responsabilisation des acteurs publics et privés.
Renforcer les mécanismes de contrôle interne et externe dans les institutions publiques pour prévenir les abus de pouvoir et les pratiques illicites.

Ces stratégies nécessitent un engagement politique fort, une volonté de changement, ainsi qu'une coordination efficace entre les institutions gouvernementales, la société civile et les partenaires internationaux. La lutte contre les biens mal acquis contribuera à renforcer l'état de droit, à promouvoir l'intégrité et à favoriser un développement économique durable et équitable.

2.23 ACTION W

Pour faciliter une transition politique nationale en Haïti, voici quelques stratégies et actions spécifiques à considérer :

W.1 Dialogue national inclusif :

Organiser un dialogue national inclusif impliquant tous les acteurs politiques, les représentants de la société civile, les organisations communautaires et les institutions clés.

Faciliter des discussions ouvertes et constructives pour parvenir à un consensus sur les principaux enjeux politiques, les réformes constitutionnelles et les modalités de transition.

W.2 Respect de l'État de droit :

Garantir le respect total de l'État de droit et de l'ordre constitutionnel, en veillant à ce que tous les acteurs politiques et les institutions respectent les lois et les procédures établies.

Renforcer l'indépendance du système judiciaire et garantir que les décisions judiciaires soient impartiales et équitables.

W.3 Renforcement des institutions démocratiques :

Renforcer les institutions démocratiques clés, notamment le pouvoir législatif, le pouvoir judiciaire et la Commission électorale.

Assurer une représentation équitable et équilibrée au sein de ces institutions pour garantir une gouvernance démocratique et pluraliste.

W.4 Planification et organisation d'élections libres et justes :
Élaborer un calendrier électoral réaliste et transparent, en tenant compte des délais nécessaires pour la préparation des élections.
Mettre en place des mécanismes de surveillance indépendants et internationaux pour garantir l'intégrité du processus électoral et la transparence des résultats.

W.5 Transition pacifique du pouvoir :
Établir des mécanismes clairs et transparents pour la transition pacifique du pouvoir, en veillant à ce que les transferts de responsabilités se déroulent conformément à la Constitution et aux normes démocratiques.
Promouvoir la culture du dialogue, de la tolérance politique et de la non-violence parmi les acteurs politiques, les partis et les groupes de la société civile.

W.6 Engagement de la communauté internationale :
Solliciter le soutien et l'engagement actif de la communauté internationale pour accompagner la transition politique en Haïti, notamment en termes de financement, d'assistance technique et d'observation électorale.
Collaborer avec les partenaires internationaux pour garantir la coordination et la cohérence des efforts visant à soutenir la transition politique.

W.7 Renforcement de la participation citoyenne :
Encourager la participation active et significative des citoyens haïtiens dans le processus de transition politique,

en facilitant la consultation publique, les débats ouverts et la mobilisation civique.
Promouvoir l'éducation civique et les droits de l'homme pour renforcer la conscience politique et la responsabilité citoyenne.

Ces stratégies nécessitent un engagement politique fort, un leadership inclusif et une volonté de dialogue et de compromis de la part de tous les acteurs concernés. Une transition politique réussie en Haïti contribuera à renforcer la stabilité, la démocratie et le développement durable du pays.

2.24 ACTION X

Pour garantir des élections présidentielles et générales réussies en Haïti, voici quelques stratégies et actions spécifiques à considérer :

X.1 Renforcement des institutions électorales :

Renforcer l'indépendance et la crédibilité des institutions électorales, notamment le Conseil Électoral Provisoire (CEP) et la Commission Électorale Permanente (CEP).
Assurer une composition équilibrée et une compétence professionnelle au sein de ces institutions pour garantir des processus électoraux transparents et impartiaux.

X.2 Réforme et mise à jour du cadre légal électoral :

Réviser et mettre à jour la législation électorale en tenant compte des meilleures pratiques internationales et des recommandations des observateurs électoraux.
Garantir la clarté des règles électorales, y compris les procédures de candidature, les modalités de campagne, le financement politique et les mécanismes de contestation des résultats.

X.3 Éducation électorale et sensibilisation :

Mettre en place des programmes d'éducation électorale pour informer les électeurs sur les procédures de vote, les droits et responsabilités des électeurs, et l'importance de la participation démocratique.
Sensibiliser la population aux enjeux politiques, aux programmes des candidats et aux principes démocratiques fondamentaux.

X.4 Garantie de la sécurité et de l'ordre public :
Développer un plan de sécurité intégré pour assurer la protection des électeurs, des candidats et du matériel électoral pendant toutes les phases du processus électoral.
Renforcer la coordination entre les forces de sécurité, les autorités locales et les observateurs internationaux pour prévenir les actes de violence et les intimidations.

X.5 Transparence et observation électorale :
Inviter des observateurs nationaux et internationaux indépendants pour surveiller le processus électoral, y compris la préparation, le déroulement des élections et le dépouillement des votes.
Assurer la transparence des opérations électorales en permettant l'accès des observateurs aux bureaux de vote, aux centres de dépouillement et aux données électorales.

X.6 Gestion du processus électoral :
Mettre en place un calendrier électoral clair et réaliste, en prévoyant suffisamment de temps pour l'enregistrement des électeurs, la validation des candidatures, la campagne électorale et le dépouillement des votes.
Renforcer la logistique électorale, y compris l'acheminement du matériel électoral, la formation du personnel électoral et la disponibilité des centres de vote dans tout le pays.

X.7 Résolution des conflits post-électoraux :
Établir des mécanismes efficaces de résolution des conflits post-électoraux, y compris des voies de recours juridiques,

pour garantir la confiance dans les résultats électoraux et prévenir les tensions politiques.

X.8 Mobilisation de la communauté internationale : Solliciter le soutien et l'engagement de la communauté internationale pour appuyer la tenue des élections présidentielles et générales en Haïti, notamment en termes de financement, d'assistance technique et d'observation électorale.

Ces stratégies nécessitent une planification minutieuse, une coordination efficace entre les acteurs politiques, les institutions électorales et la société civile, ainsi qu'un engagement ferme en faveur de la démocratie et de l'intégrité électorale. Des élections libres, justes et transparentes en Haïti contribueront à renforcer la légitimité des institutions démocratiques et à promouvoir la stabilité politique et le développement du pays.

CHAPITRE IV - MISE EN ŒUVRE DU PLAN D'ACTION

La mise en œuvre du plan d'action nécessitera une coordination et une collaboration efficaces entre la Diaspora Haïtienne de France et les autres diasporas haïtiennes du monde. Les ressources nécessaires, les échéanciers et les mécanismes de suivi et d'évaluation doivent être clairement définis.

1. RESSOURCES NÉCESSAIRES :

Pour la mise en œuvre du plan d'action visant à augmenter la maturité politique du peuple haïtien, voici quelques éléments clés à considérer pour les ressources nécessaires, le calendrier et l'échéancier, ainsi que les mécanismes de suivi et d'évaluation.

1.1 Financières :

Il sera nécessaire d'allouer des ressources financières adéquates pour soutenir les initiatives éducatives, les programmes de sensibilisation, les formations, les campagnes médiatiques et les activités de renforcement des institutions démocratiques. Les ressources peuvent provenir du budget gouvernemental, de partenariats avec des organisations internationales, des fonds de la société civile et d'autres sources de financement disponibles.

1.2 Humaines :

Il faudra mobiliser des experts en éducation civique, en sciences politiques, en communication, en droit et en gouvernance pour concevoir et mettre en œuvre les programmes et les activités prévues. Des formateurs qualifiés seront nécessaires pour dispenser les formations et animer les dialogues politiques. Il sera également important de mobiliser des volontaires, des leaders communautaires et des acteurs locaux pour soutenir les initiatives sur le terrain.

1.3 Partenariats :

Établir des partenariats stratégiques avec des institutions éducatives, des organisations de la société civile, des médias, des think tanks et d'autres acteurs clés sera important pour bénéficier de leur expertise, de leurs ressources et de leur capacité de mobilisation.

2. CALENDRIER ET ÉCHÉANCIER :

2.1 Calendrier réaliste :

Établir un calendrier réaliste pour la mise en œuvre des différentes actions du plan d'action, en tenant compte de la complexité des initiatives, des ressources disponibles et des contraintes opérationnelles.

2.2 Échéances spécifiques :

Définir des échéances spécifiques pour chaque action, en fixant des objectifs intermédiaires et des dates limites claires pour les différentes étapes de mise en œuvre.

2.3 Actions prioritaires :

Prioriser les actions en fonction de leur urgence et de leur impact potentiel, en veillant à ce que les initiatives clés soient mises en œuvre en premier.

3. MÉCANISMES DE SUIVI ET D'ÉVALUATION :

3.1 Suivi régulier :

Établir des mécanismes de suivi régulier pour évaluer la progression de la mise en œuvre du plan d'action, en utilisant des indicateurs spécifiques et mesurables pour évaluer les résultats obtenus.

3.2 Comité de suivi :

Mettre en place des comités de suivi composés de représentants des différentes parties prenantes pour coordonner les efforts, partager les informations, résoudre les problèmes et assurer une communication fluide.

3.3 Évaluations périodiques :

Réaliser des évaluations périodiques pour mesurer l'efficacité des actions entreprises, identifier les lacunes et les défis rencontrés, et ajuster les stratégies si nécessaire.

3.4 L'implication de tous :

Impliquer activement la société civile, les organisations communautaires et les citoyens dans le processus de suivi et d'évaluation, en leur donnant la possibilité de fournir des commentaires, des suggestions et des recommandations pour améliorer les initiatives en cours.Publier des rapports réguliers sur les progrès réalisés, les leçons apprises et les résultats obtenus, afin de favoriser la transparence, la responsabilité et l'apprentissage continu.

La mise en œuvre du plan d'action nécessitera une coordination étroite entre les différentes parties prenantes, une communication efficace, un suivi rigoureux et une flexibilité pour s'adapter aux conditions changeantes. Il est important de maintenir l'engagement à long terme envers les objectifs fixés et de mobiliser les ressources nécessaires pour assurer le succès des initiatives visant à augmenter la maturité politique du peuple haïtien.

V. Conclusion :

En travaillant ensemble, en mobilisant nos ressources et en mettant en œuvre des actions concrètes dans chaque domaine d'intérêt, nous avons l'opportunité de contribuer de manière significative à la résolution de la crise multidimensionnelle en Haïti. Ce plan d'action fournit une feuille de route pour guider nos efforts et nous permettre d'apporter des changements positifs durables en Haïti.

Ensemble, nous pouvons faire une différence et ouvrir la voie à un avenir meilleur pour Haïti et son peuple en collaboration avec les acteurs politiques nationaux et internationaux de bonne volonté.

TABLE

Structures éditoriales du groupe L'Harmattan

L'Harmattan Italie
Via degli Artisti, 15
10124 Torino
harmattan.italia@gmail.com

L'Harmattan Hongrie
Kossuth l. u. 14-16.
1053 Budapest
harmattan@harmattan.hu

L'Harmattan Sénégal
10 VDN en face Mermoz
BP 45034 Dakar-Fann
senharmattan@gmail.com

L'Harmattan Cameroun
TSINGA/FECAFOOT
BP 11486 Yaoundé
inkoukam@gmail.com

L'Harmattan Burkina Faso
Achille Somé – tengnule@hotmail.fr

L'Harmattan Guinée
Almamya, rue KA 028 OKB Agency
BP 3470 Conakry
harmattanguinee@yahoo.fr

L'Harmattan RDC
185, avenue Nyangwe
Commune de Lingwala – Kinshasa
matangilamusadila@yahoo.fr

L'Harmattan Congo
67, boulevard Denis-Sassou-N'Guesso
BP 2874 Brazzaville
harmattan.congo@yahoo.fr

L'Harmattan Mali
ACI 2000 - Immeuble Mgr Jean Marie Cisse
Bureau 10
BP 145 Bamako-Mali
mali@harmattan.fr

L'Harmattan Togo
Djidjole – Lomé
Maison Amela
face EPP BATOME
ddamela@aol.com

L'Harmattan Côte d'Ivoire
Résidence Karl – Cité des Arts
Abidjan-Cocody
03 BP 1588 Abidjan
espace_harmattan.ci@hotmail.fr

Nos librairies en France

Librairie internationale
16, rue des Écoles
75005 Paris
librairie.internationale@harmattan.fr
01 40 46 79 11
www.librairieharmattan.com

Librairie des savoirs
21, rue des Écoles
75005 Paris
librairie.sh@harmattan.fr
01 46 34 13 71
www.librairieharmattansh.com

Librairie Le Lucernaire
53, rue Notre-Dame-des-Champs
75006 Paris
librairie@lucernaire.fr
01 42 22 67 13

www.ingramcontent.com/pod-product-compliance
Lightning Source LLC
LaVergne TN
LVHW010024081026
849535LV00016B/3246